Erich Neumann
Arte e Inconsciente creativo

Arte e Inconsciente creativo

Erich Neumann

Colección Psicología Profunda

Arte e inconsciente creativo.

Primera edición en español, octubre 2021.
(C) EDITORIAL TRADUCCIONES JUNGUIANAS
Calle Méndez Álvaro 21, 2o, derecha
Madrid - 28045
España

E-mail: traduccionesjunguianas@gmail.com
Facebook: Editorial Traducciones Junguianas
Youtube: Editorial Traducciones Junguianas

Colección: Psicología Profunda
Volumen: 7

Director de la colección: Ricardo Carretero Gramage (IAAP)
Traductor del inglés y editor: Juan Brambilla Vega

Obra de portada: *Autorretrato con paleta* (1917) - Marc Chagall
Diseño de portada: Sergio Márquez Pérez

Título del original en alemán: *Kunst und schöpferisches Unbewusstes*
(1954, Rascher Verlag.)
Título de la versión en inglés: *Art and creative unconscious* (Bollingen
Series LXI, Princeton University Press, 1st paperback edition, 2nd
printing, 1974.)

ISBN: 9798474239125

ÍNDICE

PRÓLOGO

Es un enorme placer presentar este nuevo libro del gran Erich Neumann en nuestra colección de psicología profunda, que él mismo inauguró con su obra *Los orígenes e historia de la conciencia*. En esta ocasión, y al albur de los estudios sobre el inconsciente colectivo que se venían desarrollando en el Círculo Eranos, Neumann afronta a pecho descubierto una de las plasmaciones más sorprendentes del inconsciente colectivo, esto es, la actividad creativa del ser humano; sumamente importante tanto para su equilibrio personal, como para modificar el ambiente propio de esta especie nuestra, cuanto para acompañar el silencio de la naturaleza (y la inquietud que nos procura) de una sustancia blanda y cohesionadora de la colectividad como es la cultura.

Sin creatividad no habría cultura, pues, pero tampoco habría esa necesaria transformación de sí, ese elevarse sobre las alturas de uno mismo para emular a los dioses desde una expectativa humilde y contenida. Tampoco podríamos esperarnos ese equilibrio entre las polaridades en tensión en el interior del individuo: entre excesos contradictorios en el territorio del deseo y esas excrecencias del ser que emanan en síntesis de la actividad creadora; en virtud de la cual se hace visible lo que estaba oculto o velado, mediante esa expresión susceptible de vencer ciertas prohibiciones, ciertas inhibiciones todavía indeterminables, y capaz de cabalgar a lomos de meandros metafóricos hasta hacer audible lo inaudible, tocar lo indiscernible e incluso vislumbrar los territorios más recónditos de las profundidades psíquicas.

Cuatro ensayos muy diversos sobre el arte y la creatividad, nos regala Neumann. Cuatro perspectivas diferentes, casi emulando esa visión cuaternaria de la realidad que nos trajo Laurence Durrell en el inmenso torrente literario de su *Cuarteto de Alejandría*. Cuatro afluentes que destacan, ora la relación entre arquetipo y actividad creadora, ora entre arquetipo y cultura, ora entre actividad creadora y equilibrio psíquico, ora entre un arquetipo concreto y la actividad artística de genios como Leonardo y Chagall.

En definitiva, un conjunto de textos magníficamente escritos que acompañará perfectamente el interés de nuestra editorial por la psicología profunda y por las cuestiones de creatividad y cultura, fieles escuderos que acompañan las necesidades del ser hacia su plasmación más evocadora y capaz de restañar aquellos precarios equilibrios que anidan en sus profundidades.

Ricardo Carretero Gramage.
Octubre 2021

LEONARDO DA VINCI Y
EL ARQUETIPO DE LA MADRE

Capítulo 1

Leonardo da Vinci y el arquetipo de la Madre.

Cualquier intento de aproximación a la personalidad de Leonardo Da Vinci debe tener en cuenta las palabras de Jakob Burckhardt: «Los contornos colosales de la naturaleza de Leonardo no pueden ser concebidos más que de manera imprecisa y distante.»[1] Aun así, esta destacada figura, gran artista y a la vez gran científico, siempre representará un desafío: ¿cuál fue esa fuerza misteriosa que hizo posible tal fenómeno?

Ni los intereses científicos ni la versatilidad de Leonardo fueron de su exclusiva durante el Renacimiento, cuando el mundo empezaba a ser descubierto; pero incluso comparado al multifacético León Battista Alberti, tal como afirmó Burckhardt, «Leonardo Da Vinci fue tanto lo que el veterano es para el principiante, como lo que el maestro es para el diletante.»[2] Más aún, adicionalmente a sus escritos sobre arte, Leonardo arribó a conclusiones fundamentales acerca de la naturaleza de la ciencia y de la experimentación; descubrió importantes leyes de la mecánica, la hidráulica, la geología y la paleontología; como ingeniero se dice que se anticipó a la invención del aeroplano y del submarino; no sólo estudió la anatomía y la fisiología del cuerpo humano, acaso también fue, a través de sus estudios de anatomía comparada del hombre y del animal, el primer pensador en concebir la unidad del desarrollo orgánico. Lo que nos fascina mucho más que todos esos impresionantes logros, superados sin excepción con el paso de los siglos, es la individualidad única del Leonardo-hombre, que

---

[1] Jakob Burckhardt, *The civilization of the Renaissance in Italy*, p. 87.
[2] Ibid., p. 87.

trasciende la existencia y el tiempo mensurables en términos humanos.

En tanto fenómeno occidental, Leonardo nos fascina casi de la misma manera que Goethe, precisamente porque en él encontramos la lucha de toda una vida por la individuación, por la vida como totalidad, que parece condecirse con la íntima intención de la humanidad en Occidente.

Le debemos a Sigmund Freud el primer intento de comprensión de Leonardo por medio de la psicología profunda. En su ensayo titulado *Un recuerdo infantil de Leonardo da Vinci*, escrito en 1910, Freud aborda ciertos problemas esenciales de la psicología de Leonardo. El presente ensayo lo hará desde un ángulo distinto, desde la psicología analítica de C. G. Jung; quien, a diferencia de la psicología personalista de Freud, toma como punto de partida los factores transpersonales, arquetípicos.

Mientras que Freud intenta derivar la psicología de Leonardo a partir de los eventos personales de su infancia -por ejemplo, un complejo materno creado por las circunstancias familiares-, nosotros encontramos como fenómeno fundamental, y no patológico, la dominancia del arquetipo materno, esto es, la dominancia de la imagen de una madre suprapersonal en el hombre creativo. En este sentido, es revelador que Freud, sin duda de manera inconsciente, distorsionara las circunstancias familiares de Leonardo de una manera que estuviera en consonancia con su teoría, y que, a la misma vez, precisamente en el ensayo mencionado, penetrara en los procesos transpersonales subyacentes al desarrollo de Leonardo, cosa que hizo ampliando «la base de este análisis mediante un estudio comparativo de los materiales históricos.»[3] Sin embargo, de ello Freud no extrajo nada relevante.

Leonardo nació en 1452, hijo ilegítimo de un notario, Ser Piero da Vinci, y de una joven campesina «de buena familia.»[4] La derivación personalista de la psicología de Leonardo por parte de Freud, está basada en el supuesto de que Leonardo pasó los primeros (y, según Freud, decisivos) años de su vida como un niño

---

[3] C. G. Jung, *Símbolos de transformación*, parr. 3.
[4] Marie Herzfeld (ed.), *Leonardo Da Vinci, der Denker, Forscher und Poet.*

sin padre y con su madre Caterina.[5] Los hechos, no obstante, fueron bastante diferentes. «Después de 1452, Piero contrajo matrimonio acorde a su clase social, y poco después Caterina hizo lo mismo.»[6] El niño Leonardo creció con su padre y su madrastra en la casa del abuelo paterno, donde toda la familia vivía en 1457.[7] Puesto que el padre de Leonardo solamente tuvo hijos legítimos en 1472 y durante su tercer matrimonio, Leonardo vivió como hijo único con su abuela y, sucesivamente, con dos madrastras sin hijos. Nada sabemos de sus encuentros con su madre. Pero, en cualquier caso, las circunstancias familiares fueron muy complicadas, lo suficiente como para proporcionarles fundamento a todo tipo de dinámicas psicológicas contradictorias.

Aun cuando, de este modo, quedan anuladas todas las consecuencias psicológicas que Freud dedujo a partir de una falsa aproximación personalística, lo cierto es que Freud no se detuvo aquí. Con suma perspicacia empleó un recuerdo de infancia de Leonardo, esto es, una prueba incuestionable de la realidad psíquica de Leonardo, como cimiento de su obra antes mencionada. Este recuerdo de infancia, la así llamada «fantasía del buitre», se encuentra entre las notas de Leonardo acerca del vuelo de las aves, particularmente buitres. La citamos a continuación: «Me parece que siempre estuve destinado a ocuparme en profundidad de los buitres; uno de mis primeros recuerdos de infancia es que, mientras estaba en la cuna, un buitre llegó hasta mí, después abrió mi boca con su cola y golpeó mis labios varias veces con ella.»[8]

Es llamativo que un hombre como Leonardo, observador minucioso, haya conservado este recuerdo como algo evidente en sí mismo, y que no hubiera adoptado, como tampoco lo hiciera Freud, ningún tipo de reserva, quien sin siquiera dudar lo denominó «la fantasía del buitre.» El hecho de que Leonardo, pese al crítico «*mi parea*» (» me parecía que»), se refiera a este evento

---

[5] Freud, *Leonardo Da Vinci* (edición estándar), p. 91.
[6] Herzfeld, introducción.
[7] Tenemos pruebas documentadas de su vida familiar, alrededor del año 1457; por supuesto, esto no significa que Leonardo fuera llevado a la familia sólo en esa época, tal como Freud (p. 91) supone.
[8] «Questo scriver si distintamente del nibio par che sia mio destino, perché nella mia prima recordazione della mia infanzia e' mi parea che, essendo io in culla, che un nibio venissi a me e mi aprissi la bocca con la sua coda e molte volte mi percuotesse con tal coda dentro alle labbra.» Codex Atlanticus, fol. 65; Freud p. 82.

como un recuerdo de infancia, demuestra la realidad psíquica de su experiencia. El niño -mientras más pequeño, más intensa será dicha experiencia- vive en un mundo prepersonal, vale decir, en un mundo esencialmente condicionado por los arquetipos; un mundo cuya unidad aún no ha sido dividida en una realidad exterior física y una realidad interior psíquica, tal como ocurre en el mundo de la conciencia desarrollada. En consecuencia, todo lo que le sucede a su personalidad aún no desarrollada posee un carácter numinoso, mítico, que implica lo fatal, al igual que la intervención de lo divino.[9] Así pues, este recuerdo «naive» e irreflexivo de Leonardo está relacionado con un evento fundamental, con un motivo central de su existencia, y si pudiéramos comprenderlo arribaríamos a un aspecto oculto pero decisivo de su vida.

No obstante, antes de abordar la interpretación de la fantasía y su significado para Leonardo según la visión de Freud y la nuestra, debemos dedicar unas cuantas palabras al así llamado «error» de Freud. Recientemente[10] ha sido señalado que el ave mencionada por Leonardo, el *nibio* o *nibbio*, no es un buitre sino un milano. Aquí surge una pregunta: ¿en qué medida esta discrepancia socava los fundamentos del estudio de Freud y también del nuestro, basado parcialmente en aquél?

El «error» de Freud al tomar al ave por un buitre, lo conduce al significado materno del buitre en Egipto, y la ecuación simbólica *buitre=madre* le proporciona la base tanto para su comprensión de la fantasía infantil de Leonardo como para su insustancial teoría acerca de la relación de Leonardo con su madre personal, esto es, la fijación a la madre, por medio de la cual explica el desarrollo de Leonardo. «La fantasía y el mito,» escribe Strachey, el competente editor de las obras de Freud, «no parecen tener conexión inmediata entre sí.»[11] Aún así, argumenta en contra de la posible reacción impulsiva del lector «a descartar el estudio como carente de valor.»[12]

---

[9] Cf. Rudolph Otto, «Spontanes erwachen des sensus numinis», y los recuerdos infantiles de Ernst Barlach en *Ein selbsterzähltes leben*.
[10] Irma A. Richter (ed.), en un pie de página de su *Selections from the notebooks of Leonardo da Vinci* (1952), p. 286; Ernest Jones, *The life and work of Sigmund Freud*, Vol. II (1955), p. 390; James Strachey, nota editorial a Freud, Vol. XI (1957), pp. 55 y ss.
[11] Ibid., p. 62.
[12] Ibid., p. 61.

Tal como veremos, el «error» de Freud de ninguna manera perjudica a su investigación, mucho menos a la nuestra, como cualquiera podría en principio suponer. Al contrario, nuestra crítica al estudio de Freud y también nuestro intento de sustituir, con una interpretación transpersonal, su derivación personalista de la fantasía de Leonardo a partir de la relación con su madre personal, se ven en realidad confirmados gracias al descubrimiento de este error. Incluso si el ave no fuera un buitre, esto es, un ave cuya remisión a lo maternal está mitológicamente establecida, sino cualquier otra ave, se preservaría el elemento básico de la fantasía, en concreto, el movimiento de la cola entre los labios del niño.

Las aves en general son símbolos del espíritu y del alma. El símbolo puede ser tanto masculino como femenino; cuando hace su aparición nada sabemos de su sexo, excepto en el caso de aves que tuvieran una definida sexualidad simbólica, tales como el águila, masculina, o el buitre, femenina.

Pero la base real de cualquier interpretación es la acción del ave en la fantasía infantil de Leonardo. En conexión con el niño que yace en su cuna, la cola del ave es principalmente un símbolo del seno materno; pero, al mismo tiempo, Freud lo interpreta correctamente como el órgano genital masculino. A partir de esta constelación básica que emerge en la memoria infantil, Freud pretende derivar tanto el complejo materno personal de un Leonardo carente de padre cuanto la tendencia homosexual pasiva en su vida amorosa. Ambas derivaciones son falsas y requieren una corrección, desde que la «fantasía del buitre» es una constelación transpersonal, arquetípica, y no una que pueda ser derivada de forma personalista del romance familiar de Leonardo.

En la situación del bebé lactando del seno materno, la madre siempre representa también lo urobórico, esto es, la grandeza masculina-femenina de la madre en relación a la criatura que ella porta en brazos, nutre y protege. En esta función, sus senos dadores de vida -tal como demuestran, por ejemplo, las esculturas primitivas- a menudo se convierten en símbolos fálicos, respecto de los cuales la criatura asume una actitud receptiva, la contraparte que tendrá a su cargo engendrar y dar a luz. Se trata de una situación humana fundamental, que no tiene nada de perversa ni de anormal; y en esta situación la criatura, ya sea varón o mujer, es femenina y concibe, mientras que lo maternal es masculino y fecundador. El carácter suprapersonal de esta experiencia resulta meridianamente claro en el hecho de que, en el recuerdo de Leonardo, el símbolo del ave reemplaza, con plenitud de sentido, a la madre personal.

Denominamos «urobórica» a una unidad de este tipo porque el uróboros, la serpiente circular que se muerde la cola, es el símbolo del «Gran Círculo», el cual, rodeándose a sí mismo, engendrándose y dándose a luz a sí mismo, es masculino y femenino a la vez.[13] Este uróboros, cuyo jeroglífico en Egipto es interpretado como universo,[14] abarca el cielo, las aguas, la tierra y las estrellas, esto es, todos los elementos así como también la vejez y la renovación; en la alquimia es, aún, el símbolo de la unidad primordial que contiene a los opuestos. Esto hace del uróboros un símbolo sumamente apropiado para representar el temprano estado psíquico durante el cual la conciencia todavía no se ha separado del inconsciente, con todas las decisivas consecuencias psíquicas que esta situación supone para la relación tanto del Yo con la conciencia cuanto del hombre con el mundo.

Por lo tanto, incluso si el ave de la fantasía infantil de Leonardo no fuera un buitre sino algún otro pájaro, continuaría siendo un símbolo de la Gran Madre urobórica, con el cual debemos asociar no solamente el simbolismo femenino de los senos nutricios, sino también el simbolismo masculino del falo fecundador. La imagen de la madre urobórica no es resultado, pues, de una noción equivocada del pequeño respecto a los genitales de su madre, sino que es la representación simbólica del Arquetipo de lo Femenino como fuente creativa de vida; arquetipo que está vivo en el inconsciente de todo ser humano, al margen de cuál sea su sexo.

Aquí debemos profundizar en los detalles concernientes al arquetipo de la maternal milano-buitre. Tal como Jung ha demostrado, los arquetipos pueden también surgir de manera espontánea, vale decir, independientemente de cualquier conocimiento histórico y arqueológico, en los sueños y fantasías del

---

[13] Véase mi *Los orígenes e historia de la conciencia*. [Ed. Traducciones Junguianas, Lima, 2015.]

[14] George Boas (tr. y ed.), *The hieroglyphics of Horapollo*, p. 57.

hombre moderno.[15] En la humanidad de los orígenes, primitiva por cuanto desconocía la conexión entre la sexualidad y el embarazo, quien fecundaba a lo femenino -tal como aún puede verse en el totemismo, con su ascendencia de animales, plantas, elementos- era un principio masculino transpersonal que hacía su aparición como espíritu o divinidad, como ancestro o viento, pero nunca como hombre de carne y hueso.

En este sentido, la mujer era «autónoma», es decir, una virgen que no dependía de ningún varón terrenal. Ella concebía en virtud de un poder numinoso que, a fin de cuentas, residía en ella misma: ella era la numinosa autora de la vida, padre y madre a la vez.

Pero las más destacadas representantes de este arquetipo de la Gran Madre son las Grandes Diosas de Egipto, cuyo símbolo principal es el buitre, que Freud, «por error», sustituyó por el «más inocuo» pájaro de la fantasía de Leonardo. Muy probablemente, esta «metedura de pata» por parte de un hombre tan consciente como Freud, encuentre explicación en su preocupación por la fantasía de Leonardo; la cual, a pesar de verse sometida a una visión e interpretación personalista, parecería haber activado en Freud la imagen arquetípica de la Gran Madre.[16] En apoyo de este aserto puede mencionarse que, en su estudio, el cual primero publicó, llamativamente, de manera anónima, Freud profundizó en material mitológico y arquetípico de un modo inusual en él. Allí señaló que la diosa buitre Mut, idéntica a Nekhbet, fue a menudo representada fálicamente en Egipto.[17] La andrógina diosa Gran Madre, esto es, portadora de falo y algunas veces de barba, es un arquetipo de presencia universal, que simboliza la unidad de lo creativo en la matriz primordial, de ahí la matriarcal y «partogenética» Diosa Madre de los comienzos. Esta visión de la psicología matriarcal, cuya importancia fundamental hemos señalado repetidas veces,[18] encuentra expresión en Egipto en la

---

[15] Cf. los trabajos de Jung y su escuela respecto al surgimiento espontáneo de los arquetipos en los niños, en las personas normales, en los psicópatas y en quienes sufren desórdenes mentales.

[16] No hay contradicción entre esta posibilidad y la explicación de Strachey de que Freud encontró «nibio» traducido como «Geier» (buitre) en muchas de sus fuentes alemanas.

[17] Lanzone, *Dizionario di mitología egizia*, Pls. CXXXVI-CXXXVIII.

[18] Cf. mi *Zur Psychologie des Weiblichen*, un volumen de ensayos dedicado al tema.

creencia según la cual los buitres, considerados femeninos, concebían por medio del viento.

La diosa buitre Nekhbet de corona blanca, diosa reinante del alto Egipto, es la representante de un antiguo estrato matriarcal. Ella era la madre del rey, e incluso en etapas tardías planeaba protectora sobre su cabeza, mientras que la capucha de alas de buitre indicaba su antiguo rango. En Egipto la palabra «madre» se escribía con el signo del buitre, que a su vez es el símbolo de la diosa Mut, la original «Gran Madre.» En tanto devorador de cadáveres, el buitre es también la Madre Terrible, quien lleva a los muertos de regreso a su seno; y, en tanto «la que despliega sus alas», el buitre era el símbolo protector del cielo, de la Diosa procreadora y nutricia, la que genera la luz, el sol, la luna y las estrellas, todo a partir de su propia oscuridad maternal y nocturna. Por esta razón, la diosa buitre fue llamada por los griegos Ilitía [Eileithyia], esto es, la Diosa Madre que ayuda en los nacimientos -una figura que abarca a las Diosas Madres cretenses pre-helénicas, a la Artemisa de muchos senos del Asia menor, así como también a la Hera y Demeter de los misterios eleusinos. Sus representantes, las diosas y la reina, gobiernan la vida, la fertilidad, el cielo y la tierra. El rey egipcio, su hijo, dice de sí mismo: «Desciendo de esas mis dos madres, el buitre de largos cabellos y la diosa de senos exuberantes, de la cima del monte SehSeh; quiera ella colocar su seno en mi boca y nunca destetarme.»[19] «Nunca destetarme» : el rey, un hombre maduro, es representado sentado en el regazo de la Diosa Madre -Mut, Hathor o Isis- lactando de sus senos. Un simbolismo que es de importancia decisiva en el contexto que nos atañe.

La diosa buitre de la lluvia, de cuyos senos fructíferos, en el caso de la egipcia Nut, fluye la humedad fecundante, le da de beber a la tierra masculina, tal como Isis le da de lactar al rey Horus. En tanto Gran Diosa, ella es masculino-femenina, capaz de fecundar y, a la vez, de dar a luz.

Por esa razón, la diosa buitre Nekhbet fue adorada como una «forma del abismo primigenio del cual surgió la luz»,[20] y su

---

[19] Kurt Heinrich Sethe (ed.), *Die alt-aegyptischen Pyramidentexte*, Pyr. 1116/19.
[20] E. A. W. Budge, *The gods of the egyptians*, Vol. I, p. 440. Este abismo acuático conforma el agua celestial del océano nocturno en su unidad de mundo superior e inferior, tal como será discutido más adelante.

nombre era «el padre de los padres, madre de las madres, que ha existido desde el comienzo y que es la matriz creadora primordial del mundo.»

Con estas relaciones arquetípicas como trasfondo, el ave de la fantasía infantil de Leonardo, considerada en tanto unidad creativo-urobórica de seno-madre y falo-padre, es simbólicamente un buitre incluso cuando Leonardo lo llamara «nibio». Sólo si penetramos el significado simbólico, arquetípico, de la fantasía, podremos comprender el significado del ave y la función que cumple. Ya sea que, con Freud, consideremos la «reminiscencia» de Leonardo como una «fantasía»; o ya sea que, con otros, la denominemos «sueño», lo cierto es que aquí nos referimos a una acción simbólica en un área psíquica, no a la acción física de un espécimen zoológico en una localidad geográficamente determinada.

Es por ello que encontramos perfectamente justificado conservar el término «buitre» que Freud escogió «por error»; ya que fue a través de este «desliz» que su aguda intuición penetró hasta el núcleo del asunto, incluso cuando no lo comprendiera por completo ni interpretara correctamente, habida cuenta de que ningún ave zoológicamente definible, ni «milano» ni «buitre», es urobórica ni se comporta como el ave de Leonardo. Pero tal comportamiento es perfectamente plausible para el buitre como símbolo de la madre urobórica, quien vivió en la psique de los egipcios así como en la de Leonardo[21], y también en la de Freud.

El simbolismo del ave y de sus componentes masculino-fálicos, acentúa el aspecto espiritual de este arquetipo y lo contrapone a su aspecto terrenal. De Egipto conocemos a la vaca del cielo también como símbolo de la Gran Madre nutricia. Incluso en el paradójico simbolismo del «buitre de senos exuberantes», el acento recae sobre su naturaleza celestial, puesto que se trata de un ave que protege a la tierra bajo sus alas. Pero ave-cielo-viento son símbolos espirituales arquetípicos, que son asimismo característicos del arquetipo del padre. Encima y debajo, cielo y tierra, están contenidos en la unidad padre-madre del uróboros y de la Madre

---

[21] Posiblemente este fenómeno proporcione la respuesta a otro «enigma» que abordaremos más adelante, la «figura-puzzle» de un buitre descubierto por Pfister en una de las pinturas de Leonardo.

urobórica. El carácter espiritual de esta Madre se expresa mediante el ave, al igual que su carácter terrenal se expresa por medio del símbolo de la serpiente.

Si sabemos que el ave de la fantasía infantil de Leonardo está en relación, no con el padre, sino con la Gran Madre urobórica, es solamente porque esta última se le apareció en las etapas más tempranas de la vida humana, la fase de la Madre con senos nutricios o fálicos, a un infante que yacía en su cuna. En un niño de mayor edad, una experiencia similar con un ave, por ejemplo, la violación de Ganímedes por el águila de Zeus, habría tenido un significado completamente distinto.

Sin duda, el estudio de Freud amerita una nueva corrección a propósito del «milano.» Esta corrección consiste en señalar, con énfasis aun mayor, la imposibilidad de una interpretación personalista, vale decir, una interpretación basada en la historia familiar de Leonardo y en la relación con su madre real. Además de haber sido confirmada la interpretación transpersonal, arquetípica, de Leonardo y del proceso creativo en general, debemos profundizar en ella. El descubrimiento del error de Freud (error por el cual nos hemos dejado guiar de manera parcial) nos exige, acto seguido, hacer énfasis en el carácter uarbórico de la «madre buitre» de Leonardo.

Aquí no podemos abordar de manera exhaustiva el amplio espectro de lo que el Arquetipo de lo Femenino significa para la humanidad,[22] pero debemos proporcionar al menos una idea somera. Este arquetipo representa tanto el aspecto generativo de la naturaleza cuanto la fuente creativa que es el inconsciente, de la cual emerge la conciencia durante el curso de la historia humana y a partir de la cual surgen incesantemente, en toda época y en todo hombre, nuevos contenidos psíquicos que amplían, intensifican y enriquecen la vida del individuo y de la comunidad. En este sentido, la oración dirigida a la diosa madre, «Quiera colocar su seno en mi boca y nunca destetarme», es válida para todos los hombres, pero más particularmente para el hombre creativo.

Sin embargo, la pregunta sigue abierta: en aquellos casos en los cuales esta imagen arquetípica es dominante, ¿cuándo lidiamos

---

[22] Cf. mi *La Gran Madre*.

con un complejo materno -vale decir, con una fijación patológica, «infantil», a la madre que hace imposible una vida saludable, especialmente en el varón-, y cuándo con una situación arquetípica legítima y genuina? En esta aproximación dedicada especialmente a Leonardo, sólo tenemos espacio para sugerir ciertos contextos que serán discutidos en detalle en otro lugar.

Con el desarrollo de la conciencia, el uróboros masculino-femenino se divide diferenciándose en los Primeros Padres. En la etapa matriarcal de la historia humana y también en la del desarrollo infantil, durante las cuales el inconsciente es preponderante, los Primeros Padres se constelan como la urobórica Virgen Madre en unión con el invisible Padre Espíritu, con el uróboros paternal, un ser espiritual anónimo y transpersonal.[23] En el desarrollo normal tiene lugar una «personalización secundaria», esto es, un proceso de desmitificación, en virtud del cual las imágenes arquetípicas y mitológicas son proyectadas sobre personas de la familia o del entorno inmediato y experimentadas a su través. Este proceso conduce tanto a la formación de una personalidad normal como al establecimiento de una relación «normal» con el mundo exterior. Los arquetipos son transferidos gradualmente al canon cultural en vigor de la comunidad y, de esta manera, el individuo se adapta a la vida normal. La tensión arquetípica entre el Padre Espíritu y la Virgen Madre es reducida, durante este desarrollo, a una tensión entre la conciencia, que por medio del mundo patriarcal se convierte en heredera del Padre Espíritu, y el inconsciente, a su vez convertido en el representante vivo de la Gran Madre. El desarrollo occidental normal, que por esta razón denominamos patriarcal, conduce al dominio de la conciencia o del arquetipo del padre, y a la correspondiente represión e inhibición del inconsciente o del arquetipo de la madre. Sin embargo, en el hombre creativo -y en grado considerable en el neurótico- esta reducción de la tensión arquetípica entre los Primeros Padres resulta imposible o incompleta.

En el hombre creativo encontramos una preponderancia de lo arquetipal acorde con su naturaleza creativa; mientras que en el neurótico encontramos una perturbación de la normal adaptación

---

[23] Véase mi *Los orígenes e historia de la conciencia.*

de la conciencia, causada en parte por las constelaciones propias de la familia y en parte por genuinas experiencias de la infancia, así como también por factores coadyuvantes que surgen en etapas posteriores de desarrollo.

Las consecuencias de esta acentuación del arquetipo en el hombre creativo, quien merced a su auténtica naturaleza es dependiente de su receptividad para con el inconsciente creativo, se ponen de manifiesto, en parte, en ciertas desviaciones respecto del desarrollo del así llamado hombre normal; no hará falta incidir en las condiciones, de alguna manera similares, del neurótico. En la vida del hombre creativo, el énfasis siempre recae sobre los factores transpersonales; esto es, el factor arquetípico es tan predominante en su experiencia, que, en casos extremos, casi se vuelve incapaz de mantener relaciones humanas. Pero aun conservando su capacidad para el contacto humano y las relaciones humanas, tendrá que asimilar las proyecciones arquetipales y hacer justicia a las limitaciones de su contraparte humana, al precio de un conflicto esencial. Ésta es la razón por la cual muchos artistas, incluso los más talentosos, mantienen relaciones tan intensas a través de su ánima con «da amante lejana», relaciones epistolares, relaciones con lo desconocido, con los muertos, etcétera.

En el desarrollo normal, el «componente femenino» del hombre es por el contrario reprimido y contribuye a la constelación del ánima[24] en el inconsciente, la cual, proyectada sobre la mujer, hace posible el contacto con ella. Pero en el hombre creativo este proceso es incompleto. Debido a su naturaleza creativa permanece psicológicamente bisexual en alto grado, y el componente femenino no reprimido se manifiesta por medio de su «receptividad» incrementada, por su sensibilidad y por una vida situada mayormente en la «conciencia matriarcal»,[25] expresada pues en procesos interiores de formación y parto que condicionan su creatividad.

Tampoco el ánima se desarrolla del mismo modo que en el hombre normal. Tal como hemos mostrado en otro lugar, es el desarrollo patriarcal, masculino, de la conciencia el que determina la constelación de la figura del ánima y su diferenciación respecto

---

[24] Véase Jung, «Las relaciones entre el Yo y el inconsciente.»
[25] Véase mi *Psychologie des Weiblichen*.

del arquetipo de la madre.[26] En el hombre creativo esta diferenciación no se lleva a término por completo: carece del requisito fundamental de la unilateralidad, indispensable para la identificación del Yo con la conciencia exclusivamente masculina, razón por la cual permanece más infantil y más femenino que el hombre promedio. La preponderancia del mundo arquetipal de la Gran Madre es tan abrumadora, la dependencia de sus «senos exuberantes» es tan fuerte, que nunca es capaz de llevar a cabo el «matricidio» necesario para la liberación del ánima. Por esta razón, el hombre creativo -excepto los casos de sus representantes supremos- usualmente es menos hombre que creador: es tan hábil para asimilar y darles forma a los contenidos del inconsciente que están ausentes en la comunidad en la que vive, cuanto incapaz de desarrollarse como un individuo en relación a la comunidad.[27] En la civilización occidental, el hombre normal paga su adaptación a la vida con la pérdida de su creatividad; mientras que el hombre creativo, que está adaptado a los requerimientos del mundo inconsciente, paga su creatividad con soledad, que es la expresión de su relativa falta de adaptación a la vida en comunidad. Por supuesto, esta caracterización aplica solamente a las posiciones extremas, entre las cuales podemos encontrar un infinito número de transiciones y matices.

En cualquier caso, el hombre creativo está en mayor grado fijado a la etapa matriarcal de la psique, y, al igual que el rey egipcio, se experimenta a sí mismo como el arquetípico hijo-héroe de la Virgen Madre, quien «nunca lo desteta.» De este modo Leonardo, en tanto «niño-buitre», es un típico hijo-héroe y satisface el canon arquetipal del nacimiento del héroe, que en otro lugar hemos discutido en extenso.

» El hecho de que el héroe tenga dos padres y dos madres es un elemento central en el canon del mito del héroe. Junto a su padre personal existe una figura de Padre Superior, esto es arquetípica, y del mismo modo una madre arquetípica aparece junto a la madre personal...» Tal como A. Jeremias[28] ha señalado y demostrado ampliamente, la esencia del canon mitológico del

---

[26] Véase mi *Los orígenes e historia de la conciencia.*
[27] Véase el siguiente ensayo en este volumen.
[28] *Handbuch der altorientalischen Geisterkultur,* pp. 205 y ss.

héroe redentor consiste, ya sea en que carece de padre o de madre, ya sea en que uno de los padres es a menudo divino, o ya sea en que la madre del héroe es la Diosa Madre misma o en su defecto la prometida de un Dios.»[29]

La madre-ave de Leonardo es la Diosa Madre misma; ella es la «prometida del dios», impregnada por el viento, uno de los símbolos arquetipales del Padre espíritu; pero, al mismo tiempo, ella es la madre fálica, urbórica, que se fertiliza a sí misma y da a luz a sí misma. En este sentido Leonardo, como todos los héroes, tiene «dos madres», y se experimenta a sí mismo como el hijo de un padre no personal, sino «desconocido», incluso como «carente de padre.»[30]

La relación con la Gran Madre determina la infancia y juventud del héroe; en este periodo él vive como su hijo-amante, favorecido por la completa devoción de ella hacia él y, a la vez, amenazado por su carácter dominante. En términos psicológicos, esto significa que el desarrollo y despliegue de su conciencia yoica, así como también su personalidad, están gobernados más por los procesos en los cuales el inconsciente posee un mayor peso específico que por el Yo mismo.

En el curso del desarrollo patriarcal de la conciencia, el vínculo con la Gran Madre acaba quebrándose, y, después de la lucha con el dragón, se produce el renacimiento del héroe en una relación con el Padre Espíritu, satisfaciendo de ese modo su objetivo mitológico en tanto que nacido dos veces.

La lucha contra el dragón y el «asesinato de los padres» implican la superación de la «madre», símbolo de un inconsciente que retiene al hijo en el mundo colectivo de las pulsiones y automatismos; pero también implican la superación del «padre», símbolo de las tradiciones y valores colectivos de su tiempo. Solamente después de esta victoria es que el héroe obtiene un nuevo mundo de su propiedad, el mundo de su misión individual; en el cual las figuras de los padres urobóricos, de la madre y padre arquetípicos, adquieren un nuevo aspecto. Ya no son más poderes

---

[29] Véase mi *Los orígenes e historia de la conciencia.*
[30] Tal como sabemos, la noción infantil de ser un «hijastro», esto es, no el hijo real del padre y de la madre, la encontramos en muchos neuróticos, pero no sólo en los neuróticos.

restrictivos y hostiles, sino compañeros, dispensadores de bendiciones para la vida y obra del victorioso héroe-hijo.

El Gran Individuo, esto es, el hombre creativo, debe transitar por este camino, arquetípicamente determinado, de una manera que esté en correspondencia con su individualidad, su tiempo y su misión. Sin embargo, aunque los términos «héroe» y «lucha contra el dragón» tienen aplicación directa a este tipo de despliegue, otras formas de desarrollo del Gran Individuo podrían seguir cursos diferentes.

Un grupo de Grandes Individuos puede seguir el camino del héroe a ritmo dramático, baste pensar en Miguel Ángel o en Beethoven. Pero hay otros despliegues que asumen por el contrario la forma de un lento desarrollo, de un progresivo crecimiento interno. Aunque en estos casos no faltan las crisis y fases dramáticas, da la impresión, en la vida de Goethe por ejemplo, de que se trata más de una tendencia casi imperceptible que de una acción heroica consciente.[31] El primer desarrollo corresponde al tipo de desarrollo patriarcal en oposición a la Gran Madre, en el cual los héroes renacidos tras la lucha contra el dragón demuestran ser hijos del Padre Espíritu. El segundo tipo de desarrollo heroico es claramente más matriarcal, esto es, más cercano al arquetipo de la madre.

En ambos casos, la constelación mitológica del nacimiento del héroe y de su relación infantil y juvenil con la Diosa Gran Madre está presente desde el comienzo del desarrollo. Pero mientras que los héroes patriarcales se apartan de la Gran Madre y, en oposición a ella, deben probar que son hijos del Padre Espíritu, la vida de los héroes matriarcales, por el contrario, transcurre bajo el dominio y cobijo de la Madre, de cuyas alas espirituales nunca se apartan por completo.

Si bien es demostrable la preponderancia del mundo arquetípico y transpersonal en todos los Grandes Individuos, la diferencia en sus respectivos desarrollos vitales, una vez producida la separación de los primeros padres, radica en si la dominancia la

---

[31] Involuntariamente acude a la mente la distinción entre escritura «naif» y «sentimental» que Schiller expone en «Über naive und sentimentale Dichtung», aunque en este contexto tal diferencia no pueda ser reducida a los tipos opuestos de actitud que Jung señala en *Tipos psicológicos*.

conserva el arquetipo de la Virgen Madre o el arquetipo del Padre Espíritu.[32]

Un desarrollo unilateral, en el cual uno o el otro arquetipo sea exclusivamente dominante y no cuente con la compensación de su complemento, representa un peligro psíquico extremo.[33] Pero en los Grandes Individuos siempre encontramos que, sin importar cuál de los primeros padres, ya sea la Gran Madre ya sea el Gran Padre, haya sellado su destino, el otro miembro de la relación ejerce siempre una importante influencia en el curso de su desarrollo.

El héroe patriarcal, el héroe renacido como hijo del Padre Espíritu, ha de replantear en última instancia su relación con el arquetipo de la Gran Madre. Su despliegue heroico comienza conquistándola, pero el conflicto original se resuelve -como es el caso de Hércules y Hera- en la final reconciliación con ella. De igual modo, el Gran Individuo cuya vida está marcada por el dominio del arquetipo de lo femenino, debe, durante el curso de su desarrollo, llegar a un acuerdo con el Padre Espíritu. Solamente en la tensión entre los mundos arquetípicos de la Gran Madre y del Gran Padre, una existencia auténticamente creativa puede verse satisfecha. Pero será el héroe-hijo quien determine la modalidad individual de desarrollo tanto de su vida como de su obra: ya sea que adopte un sesgo predominantemente patriarcal o matriarcal, solar o lunar; ya sea que los aspectos patriarcales y matriarcales de su conciencia estén relativamente equilibrados; o ya sea que exista una relación de tensión entre ambos.

En muchos casos es posible demostrar que estas decisivas constelaciones del mundo arquetipal a menudo se ponen de manifiesto en los sueños, fantasías o recuerdos de la más temprana infancia. Precisamente porque el niño, con su conciencia aún incipiente, vive todavía en el mundo mítico de las imágenes primordiales y, al igual que el hombre primitivo, efectúa una «apercepción mitológica» del mundo, las impresiones de este periodo, durante el cual los estratos más profundos pueden ser

---

[32] No hace falta discutir las diferentes implicancias de estas constelaciones tanto en la psicología masculina como en la femenina.

[33] Este peligro se manifiesta en neurosis y psicosis. Toma la forma de «castración» matriarcal o patriarcal cuando el individuo se ve arrollado, respectivamente, por la naturaleza urobórico-maternal del inconsciente o por la igualmente amenazadora naturaleza urobórico-paternal del espíritu. Véase mi *Los orígenes e historia de la conciencia.*

expresados o más bien «imaginados» sin falsificación alguna, parecerían anticipar la vida entera.

Tales «floraciones» imaginales conforman los recuerdos y fantasías de la infancia.[34] En este sentido, los recuerdos de la infancia de Leonardo tocan las fibras dominantes de su existencia; se trata de un símbolo pleno de significado, puesto que la diosa buitre, la gran madre, dominaría su vida.

Es difícil juzgar hasta qué punto la real situación familiar de Leonardo favoreció, en su caso, la proyección del héroe arquetípico. Podemos asumir que hubo poca cercanía entre él y su padre. El notario fue un hombre extremadamente mundano y activo; además de la relación ilegítima con la madre de Leonardo, contrajo no menos de cuatro matrimonios legítimos. Cuando iba por el cuarto matrimonio -al casarse por tercera vez tenía cuarenta y cinco años de edad- tenía ya nueve hijos y dos hijas. Si comparamos esta biografía con la de Leonardo -quien, excepto acaso en su juventud,[35] no mantuvo relaciones físicas con ninguna mujer-, y si además consideramos que Leonardo, a pesar de su fama, fue tratado por su padre como un «hijo ilegítimo», al que ni siquiera mencionó en su testamento, no resultará exagerado asumir que existía cierto antagonismo entre padre e hijo. Además de esta alienación respecto de su padre personal, un hombre tan arrogante en su mundanalidad que fue capaz de desheredar a su «hijo ilegítimo», debemos asimismo considerar la problemática relación del niño Leonardo con las mujeres, con su abuela, con sus dos hermanastras y con su propia madre, a la que pudo haber conocido o no.

Incluso en el niño promedio, una situación familiar así de anormal usualmente conduce a desórdenes: como resultado de una excitación compensatoria del inconsciente, los arquetipos parentales no son «abolidos» como sí lo son en el desarrollo normal, por lo que los Grandes Padres suprapersonales compensan

---

[34] En sus seminarios acerca de los sueños de los niños, dictados en el Technische Hochschule de Zúrich, Jung expuso *insights* decisivos respecto a la capacidad que tienen los sueños infantiles para determinar la vida del soñante.

[35] Cf. su actitud hacia la sexualidad y «los deseos».

en cierto sentido la ausencia o insuficiencia de los padres personales.[36]

Cuando tomamos en cuenta la predisposición creativa de Leonardo, en la cual hay una preponderancia «natural» de lo arquetipal, su fantasía infantil resulta comprensible en tanto símbolo, por un lado, de su desapego respecto del entorno humano normal, y, por otro lado, de su relación con los poderes transpersonales, no importa cuánto de fatídico esto tenga. Y lo que hace de la «fantasía del buitre» de Leonardo un documento significativo es, precisamente, el hecho de que las mismas constelaciones y símbolos arquetipales concernientes a los héroes míticos de la prehistoria aparezcan en un hombre del Renacimiento.

Incluso en su juventud -en la medida en que podemos aproximarnos a ella-, Leonardo se caracterizó por su poca capacidad para comprometerse con ninguna de las preocupaciones que lo distinguieron a lo largo de su vida. En una época durante la cual la versatilidad era la regla, sus multifacéticos intereses ya eran asombrosos. Además de su genio como pintor (se dice que su maestro Verrocchio, con quien estudió cuando apenas era un niño, renunció a la pintura por su culpa[37]), el joven Leonardo fascinó a todos por la abundancia de sus talentos.

En su ancianidad, Leonardo poseía una hermosura extraordinaria, combinaba buen gusto y elegancia con fuerza física fuera de lo común; podía doblar una herradura sólo con sus manos. Era un hijo predilecto de las Musas, conocido por su habilidad para cantar, escribir poesía, tocar instrumentos musicales e improvisar música. Sus excepcionales dotes matemáticas y técnicas lo convirtieron en un famoso ingeniero hidráulico y militar, un constructor de fortalezas y un inventor; dotes que empleó de manera lúdica, algo característico en él.[38] Fue llamado a la corte de

---

[36] Aquí no podemos abordar el tema de las perturbaciones adaptativas que causa esta necesidad de compensación.

[37] Giorgio Vasari, *The lives of the painters*, vol. III, p. 222.

[38] En el Siglo XX, el gobierno italiano construyó y puso en exhibición doscientos de sus inventos. (Véase revista *Life*, julio 17, 1939.) Ametralladoras, paracaídas, escaleras telescópicas, máquinas de vapor, imprentas, taladros, molinos de viento, propulsores, timón hidráulico, y muchas otras invenciones, así como también instrumentos tales como un contador de pasos, anemómetros e innumerables otros (F. M. Feldhaus, *Leonardo der Techniker und Erfinder*) se cuentan entre los productos de su genio técnico.

Milán, por ejemplo, no como un famoso pintor, sino por haber inventado un extraño instrumento musical con forma similar a la cabeza de un caballo. Incluso anciano continuó diseñando artefactos extraños y animando las festividades de las cortes de muchos príncipes con todo tipo de juegos e inventos, que llaman la atención por no estar a la altura de su genio. Desde un principio siempre estuvo más interesado en la inventiva e inacabable fecundidad de su propia naturaleza, que en darle forma a esa realidad a la que, en cierto sentido, jamás tomó muy en serio a lo largo de su vida. Se movió a través de su tiempo y del mundo - pintando, esculpiendo, experimentando, descubriendo e inventando, profundamente interesado en todos estos campos-, y, sin embargo, siempre con el poco compromiso de un diletante, siempre independiente, siempre un «intruso», jamás entregándose por completo a nada ni a nadie, excepto a su propia naturaleza, cuyos dictados obedecía como el soñante obedece a las indicaciones del sueño, pero al mismo tiempo con la aguda atención de un observador científico.

«Crear,» escribe Leonardo, «es el trabajo del maestro; ejecutar, el acto del sirviente.»[39] Uno podría verse tentado a considerar esto como el *leit motiv* de su obra fragmentaria y de su vida. Pero sería injusto. Acaso en su juventud pudo en ocasiones incurrir, debido al poco compromiso, en la arrogancia de sólo planear y nunca ejecutar. En realidad fue un estupendo trabajador, salvo que, por razones que nuestra investigación aún debe esclarecer, nunca se dedicó a construir un «opus» como el de Miguel Ángel, quien lo superó en la indispensable unilateralidad para conseguirlo.

La tendencia fragmentaria de su arte no se basa en la indiferencia respecto a la ejecución, tampoco se explica por completo únicamente como consecuencia de la vastedad de su mundo imaginal. Es, más bien, la expresión del hecho de que la obra de arte, y la propia actividad artística, no fueron para él fines en sí mismos, sino solamente -y sin perjuicio de que no fuera consciente de ello- instrumentos y manifestación de su mundo

---

[39] MS. CA., fol. 109. Véase Herzfeld, p. 139; para una relación completa de abreviaciones, véase p. clxvi, o Richter *Selections*, p. 393. Versión en inglés de Edward MacCurdy, *The notebooks of Leonardo da Vinci*. Vol. I, p, 95.

interior. A este respecto, y al igual que su fascinación con el problema del vuelo, Leonardo demostró ser un «niño buitre». En el fondo de su corazón despreciaba la realidad y sus objetivos; menospreciada el dinero y la fama, la conformación de un *opus*, el establecimiento de una escuela, ya que, en su inconsciente devoción a la Madre Espíritu, era profundamente ajeno a todo lo material y a los hechos concretos. Ésta es también la razón de su aversión a las urgencias instintivas y de su rechazo de la sexualidad. «El armiño prefiere morir a mancillarse»,[40] reza uno de sus aforismos. Y otro más dice así: «El hombre que no contiene su lascivia, se aliena hasta emparentarse con las bestias.»[41] Y, como conclusión de una alegoría banal acerca de una polilla que conoce la pena y el dolor después de verse atraída por la radiante belleza de la luz, Leonardo moraliza en auténtico estilo medieval: «Esto es aplicable a aquellos que, al igual que la polilla, se precipitan en las delicias carnales y mundanas sin tener en consideración su propia naturaleza, a la que aprenderán a conocer a costa de vergüenza y extravío.»[42]

Es incuestionable que en Leonardo había un fuerte bloqueo sexual, una suerte de ansiedad sexual; sin embargo, este rechazo se extendía a la totalidad del lado material de la realidad y de la vida. Tal como hemos visto, la Gran Madre urobórica posee también rasgos fálicos, procreativos, masculinos y paternales, en relación a los cuales -los pechos fálicos, por ejemplo- el niño es receptivo y «femenino». En ese sentido, el hombre creativo es «femenino» en virtud de su pasiva apertura al flujo creativo. Es por ello que nosotros hemos denominado *matriarcal* a esta actitud de la personalidad y de la conciencia. Aquí no necesitamos esclarecer si la predominancia, en la vida creativa del individuo, de los rasgos pasivos-femeninos o en su defecto de los rasgos activos-masculinos, responden a factores constitucionales o a eventos de su vida personal. En cualquier caso, es evidente que dichas constelaciones afectan la relación entre actividad y pasividad, entre los elementos masculinos y los femeninos, no solamente en la vida

---

[40] MS. H. I., fol. 48º. Véase Herzfeld, p. 143; Richter, *Selections*, p. 319. [Las citas de documentos y manuscritos provienen principalmente del último volumen, aunque los números de página remiten a ambas presentaciones de los *Cuadernos* - Nota del editor original.]

[41] MS. H. III., fol. 119º. Véase Herzfeld, p. 140; *Selections*, p. 280.

[42] MS. C. A., fol. 257º. Véase Herzfeld, pp. 270-71; *Selections*, p. 243.

psíquica del individuo sino también en su relación con su propio sexo y con el opuesto. En última instancia, la actitud sexual de la personalidad no está determinada por un solo factor, sino por la conjunción de muchos de ellos; no por una única constelación de desarrollo, como es el caso de una orientación hacia la «Gran Madre», sino por una variedad de constelaciones y de fases. Es así que el vínculo con la Gran Madre urobórica caracteriza a muchos hombres creativos que no muestran ningún signo de homosexualidad.

Otra constelación típica de apego homosexual simbólico, es aquella de los jóvenes amantes en quienes el acento recae, no sobre la apertura hacia el aspecto masculino de la Gran Madre, sino por el contrario sobre su resistencia a ese mismo aspecto. A menudo encontramos dicha resistencia en los «jóvenes vástagos» de la Gran Madre, quienes, debido a su hipersensibilidad de capullo en flor, rechazan la vida. Al dar por hecho que la vida «carece de sentido», no están en realidad a la altura de la mayor parte de sus variados desafíos. Esta suerte de homosexualidad no demostrada -en cualquier caso, homoerotismo- encaja en este contexto. Al igual que sucede con muchos jóvenes amantes de la Gran Madre, la resistencia compensatoria a su aspecto de Madre Tierra, es decir, en tanto materia, favorece una tendencia contraria hacia la asociación masculina y hacia el rechazo de la belleza de lo femenino, lo que engrilleta las pasiones y los fusiona con los lugares comunes de la realidad material. Si Leonardo, tal como de él se ha dicho, en efecto seleccionaba a sus pupilos más por su belleza que por su talento, no podía deberse a otra razón que no fuera la coherencia tanto con su propia naturaleza, en la cual Eros desempeñaba un rol crucial, cuanto con su devoción a la belleza sin propósito de todas las cosas vivientes, algo que para él tenía un significado mucho mayor que el que podía tener cualquier *opus* o escuela. Es posible demostrar que los objetivos y los motivos auténticos de sus acciones más personales, descansaban siempre sobre algo «trascendente a lo real».

Es indudable que, al estudiar el vuelo de las aves y el mecanismo de sus alas, en sus incansables esfuerzos por construir una máquina voladora, Leonardo estaba enfrascado en una lucha muy concreta por dominar la técnica del vuelo en beneficio de la humanidad. «El ave magnífica volará por vez primera desde las espaldas de un cisne gigante», escribió. «El ave colmará al universo de asombro; los escritos rebosarán de su prestigio, llevando gloria eterna a su lugar de origen.»[43] Esta famosa sentencia suele ser tomada de manera literal, toda vez que es empleada para explicar que «Leonardo está visualizando a su 'ave' levantar vuelo desde el 'Cecero' [cisne], una colina en Florencia.» Y es probable que esta interpretación sea correcta. Pero, al mismo tiempo, el caso singular de Leonardo ofrece pruebas irrefutables de que las «invenciones tecnológicas» de Occidente, surgen originalmente de una realidad interior aún inconsciente. Hasta el final de sus días Leonardo siguió siendo un soñador lúdico, infantil; todo cuanto hizo fue la expresión simbólica de una correspondiente realidad interna. Un análisis exhaustivo demuestra que nada fue lo que en apariencia era, o al menos lo que Leonardo mismo supuso que era. El fervor de su interés en la ciencia, la precisión de su trabajo, la claridad técnica de su voluntad y lo brillante de su razonamiento, de ningún modo alteran el hecho de que -tal como él mismo oscuramente lo sintió- todo cuanto hizo tuvo en realidad un significado completamente diferente. Sólo de esta manera es posible explicar la continuidad de su desarrollo, el infatigable e insaciable curso de su obra vital. Así pues, su deseo de volar fue en realidad bastante más que una técnica que tiene que ser aprendida o que una máquina que tiene que ser construida.

¿De qué manera puede uno demostrarse a sí mismo que es hijo del ave madre, de la Gran Diosa? ¿Qué significa «volar» y quedar suspendido en el aire por encima de la tierra? Éstas son las preguntas simbólicamente reales que perviven en su trabajo científico.

Pero el vuelo que aleja a Leonardo de la superficie de la Tierra, imagen que nos servirá para maximizar su rechazo de lo material, esto es, de la Madre Tierra en tanto aspecto inferior de la Gran Madre, no pudo de ninguna manera prescindir, en una naturaleza humana tan vasta y orientada hacia la totalidad como la suya, de una contraparte asimismo interior y dialéctica. Allí donde la base de la vida es más estrecha, esta constelación del vuelo que

---

[43] MS. Trn. O, cubierta interior 2. Véase Herzfeld, p. 32; *Selections*, p. 357.

aleja de la tierra conduce, por el contrario, al tipo de artista lírico, psíquica e intelectualmente hipersensitivo, en quien lo estético tiene predominancia sobre cualquier otro aspecto. Sin embargo, la vitalidad de Leonardo, imbuida del apremio anhelante de abarcarlo todo, estuvo en su caso ligada a un movimiento de signo contrario, que, esencial aunque inconsciente, tendía a compensar su unilateralidad. De ahí que, una vez más, Leonardo demostrara ser un auténtico hijo de la Gran Madre; la cual, en su totalidad en tanto lo Redondo o Gran Círculo, combina en ella los aspectos celestiales y terrenales.

Mientras que la Edad Media -y en particular el periodo gótico- estuvo dominada por el arquetipo del Padre Celestial, el desarrollo que comenzó en el Renacimiento estuvo basado en la reanimación del arquetipo femenino de la tierra. Durante el curso de los últimos siglos, este arquetipo ha conducido a una revolución de la Humanidad «desde abajo», abarcando todas las etapas de desarrollo de la existencia occidental. Hoy, el mundo humano como totalidad y el hombre en tanto individuo -ya no el mundo celestial y la naturaleza de los ángeles- se sitúan en el centro de nuestra cosmovisión; y, del mismo modo, el hombre ya no se experimenta a sí mismo como un Lucifer expulsado del paraíso celestial, sino como un auténtico hijo de la tierra. Esta modificación hizo posible el descubrimiento del cuerpo y de las ciencias naturales, así como también el descubrimiento del alma y del inconsciente; pero, subyacente a todo esto, se encontraban los fundamentos «materialistas» de la existencia humana, los cuales, en tanto naturaleza y tierra, se convirtieron a su vez en los fundamentos de nuestra visión del mundo, puestos de manifiesto en la astronomía y geología, en la física y química, en la biología, sociología y psicología.[44]

Este cambio de rumbo ocurrido en la Edad Media comenzó con la descollante figura de Leonardo, quien anticipó todos estos desarrollos, los reunió en él y, finalmente, los proyectó hacia el futuro. Pero Leonardo no se detuvo aquí; en el despliegue de su personalidad fue mucho más lejos de lo que los siglos posteriores, y

---

[44] Cf. mi «Die Bedeutung des Erdarchetyps für die Neuzeit».

nuestra propia época, alcanzaron en lo que se refiere a la integración de esas características tan preñadas de porvenir.

Las generaciones que vinieron después de Leonardo, desarrollaron los aspectos particulares de su visión del mundo; es cierto que lo sobrepasaron en todos los campos, pero a cambio perdieron aquello que, en el caso de Leonardo, además de decisivo constituyó su logro más espléndido, esto es, la unidad. Y es que lo esencial en Leonardo no es que su mente abarcara un espectro tan enorme de intereses, ni la ambición enciclopédica con que su voluntad investigadora se lanzó al abordaje del mundo, ni la integración de toda esta multiplicidad en una existencia humana simbólica. Para Leonardo, nada tenía significado «por sí mismo», nada constituía un fin en sí mismo, ni la intuición ni la aplicación práctica, ni el descubrimiento ni la invención, ni siquiera la unidad de su obra. Para él, un caso único entre los artistas de Occidente, el arte ni lo era todo ni era tampoco la totalidad. Y, también para él, asimismo un caso único entre descubridores y científicos, la ciencia constituyó un secreto de su vida individual, que permaneció sellado en sus copiosos cuadernos de notas, como si para Leonardo no hubiese sido importante dar a conocer el contenido de esos libros, que nunca fueron libros, al mundo.

Inadvertido de que la tendencia hacia la integración de su personalidad dirigía su vida por completo, experimentó dicha tendencia a la manera de una divinidad que abarcara lo alto y lo bajo, el cielo y la tierra. El principio de esta unidad, que siglos después la psicología analítica esclareció como el principio de individuación,[45] aparece como un mandala, como el Gran Círculo o lo Redondo que, al igual que la Gran Diosa, abarca cielo y tierra.

Al igual que su «no terrenalidad», rasgo medieval de su ser y de su época, resultó transpuesta en algo completamente nuevo, esto es, en el problema científico del vuelo, así también la contraparte terrenal de su naturaleza resultó transformada en algo revolucionario y preñado de futuro. Esta contraparte, tal como podemos comprobarlo a menudo en Leonardo, halló expresión simultánea en diferentes planos de su ser y de su actividad; lo que es también un síntoma de cuán por completo lo poseyeron esos

---

[45] Véanse los trabajos de Jung respecto al tema.

procesos que ocurrían en su interior, cuya asimilación requería la totalidad de sus multifacéticos esfuerzos.[46]

La expresión artística de esta situación se encuentra en una pintura única en su tipo, «La virgen de las rocas» (Imagen 1), de la cual Merejkowski ha dado la mejor descripción: «Reina del Cielo, se mostró a los hombres en la penumbra del ocaso, en una cueva subterránea, en los recovecos más secretos de la naturaleza, acaso en el último refugio del viejo Pan y de las ninfas del bosque; ella, el misterio de los misterios, la madre del dios-hombre, en el auténtico seno de la Madre Tierra.»[47]

Esta Virgen es única. En ninguna otra obra de arte aparece de manera tan elocuente estos dos secretos: que la luz surge de la oscuridad, y que la Madre Espíritu del niño salvador es una con el refugio infinito de la naturaleza terrenal. El triángulo, con su base sobre la tierra,[48] que determina la estructura de la pintura, es un antiguo símbolo femenino,[49] el signo pitagórico de la sabiduría y del espacio.[50]

La otra manifestación del arquetipo terrenal en Leonardo tiene lugar en su trabajo científico, que presta testimonio en su totalidad de este despertar, de este Renacimiento, que en realidad no constituye la reavivación de la antigüedad sino de la tierra. Tres áreas de su trabajo científico se encuentran bajo el signo de la tierra, de la Madre Tierra: el cuerpo humano, la tierra como organismo animado, y la naturaleza como un ser divino que abarca a los dos anteriores.

---

[46] En este ensayo no organizaremos de manera cronológica los datos biográficos ni las máximas de Leonardo, sino que buscaremos penetrar la estructura arquetípica subyacente, el patrón. Ese material de vida se precipita a diversas profundidades a lo largo de distintas épocas, y deja ver de manera gradual los fundamentos arquetípicos latentes, como si la corriente inherentemente rectilínea del tiempo rotara sobre una estructura arquetípica. Por esta razón, en las épocas más tempranas de la vida pueden surgir los *insights* más profundos; del mismo modo, las palabras o expresiones de las etapas tardías no tienen que gozar necesariamente de similar profundidad. Incluso cuando una vocación se vea satisfecha durante algún período de la vida, el hombre creativo no siempre vive en el mismo estado de satisfacción ni experimenta siempre la misma profundidad.

[47] Dmitri Merejkowski, *The romance of Leonardo da Vinci: the forerunner*, p. 295.

[48] Heinrich Wölfflin, *Classic art*, p. 18.

[49] Rudolph Koch, *The book of signs*, p. 3.

[50] No es nuestra intención insinuar que Leonardo conocía este símbolo ni que lo introdujo de contrabando en su pintura. No obstante, es notorio el paralelismo entre contenido y estructura de dicho elemento y el simbolismo inconsciente.

Sin duda Leonardo comenzó interesándose en anatomía debido a su trabajo como pintor y escultor, ¡pero cuán lejos llegó más allá de este punto de partida, qué vastas provincias de la naturaleza descubrió al diseccionar treinta cadáveres! Los dibujos y descripciones que componen el estudio anatómico que Leonardo planificó con sumo detalle y ejecutó minuciosamente, son de tal calidad que un moderno anatomista, escribiendo en 1905, dijo de ellos que no habían sido igualados por nadie hasta ese momento.[51] Leonardo realizó un gran número de descubrimientos anatómicos. Un escritor ha llegado al punto de decir: «La obra fundamental de Vesalio acerca del cuerpo humano no es sino un gran plagio, un robo de la obra maestra de Leonardo.»[52] Lo esencial no es que Leonardo fundara la moderna anatomía topográfica, ni que fuera el primero en estudiar anatomía comparada, en establecer una correlación entre los órganos humanos y los del mundo animal. Lo característico de esa mirada, rayana en la clarividencia, es haber sido la primera en abordar la anatomía desde el punto de vista de sus relaciones funcionales, descubriendo así la fisiología del cuerpo humano. Leonardo descubrió el sistema circulatorio, y, tal como Spengler señaló acertadamente, cuando él «estudiaba anatomía era... *fisiología* estudiada desde sus más íntimos secretos»; él «investigó la *vida* en el cuerpo.»[53]

Y a pesar de sus muchos errores en los detalles, ¡qué cantidad de descubrimientos en todos los campos del saber! Cien años antes de Kepler escribió: «El sol no se mueve»,[54] removiendo así los fundamentos de la cosmología medieval. A manera de antítesis, Marie Herzfeld cita las admirables palabras de Gabriel Séailles: «Las estrellas son incorruptibles, divinas, y no mantienen relación con el mundo sublunar, cuya ley es la generación, el cambio, la muerte. La Tierra nada nos enseña acerca de los cielos, que pertenecen a un orden diferente... Leonardo se atreve a desafiar esta jerarquía; desplaza a la Tierra y la sitúa en los cielos.» Y Leonardo escribe: «En su discurso usted debe demostrar que la

---

[51] Moritz Holl, *Eine Biologe aus der Wende des XV Jahrhundert: Leonardo da Vinci.*
[52] Herzfeld, p. cliii.
[53] Oswald Spengler, *The decline of the west*, Vol. I, pp. 277 y ss.
[54] MS. W., fol. 12699°. Véase Herzfeld, p. 53; *Selections*, p. 54. J. P. Richter sostiene en referencia a esta máxima: «Está escrita en medio de fórmulas y anotaciones matemáticas y con una caligrafía inusualmente alargada.»

tierra es una estrella, al igual que la luna, y que es la gloria de nuestro universo.»[55]

Es extraño y significativo que, a pesar de la abundancia de novedades que Leonardo aporta respecto de la Tierra, haya sin embargo permanecido cautivo de una imagen mitológica de ella. Leonardo descubrió el ciclo del agua y la estratificación de la tierra causada por la sedimentación; refutó la leyenda del Diluvio Universal y concluyó acertadamente que los fósiles daban testimonio de que alguna vez los océanos cubrieron las montañas en las que estaban enterrados. Pero la pasión que dedicó a sus investigaciones, su fascinación por el objeto de las mismas, la Tierra, hizo de ella algo animado, casi antropomórfico. Cuán viva era para él esta ecuación Tierra-cuerpo puede comprobarse en la siguiente cita: «El agua que atraviesa las montañas es la sangre que mantiene con vida a la montaña. Si una de sus venas es abierta ya sea por el interior o ya sea por el exterior, la naturaleza, que presta asistencia a sus organismos, desbordante del incrementado deseo de reparar la escasez de líquido vital que de ese modo se perdió, se prodiga en indulgente ayuda, tal como sucede con el lugar del cuerpo donde el hombre hubiera recibido una herida. En efecto, uno puede observar cómo cuando llega la ayuda, el volumen de sangre, como si fuera una oleada, aumenta bajo la piel con el fin de abrir la parte infectada. De igual modo, cuando la vida se ve amenazada en la extremidad superior (de la montaña), la naturaleza envía sus fluidos desde los fundamentos inferiores en dirección a las más grandes alturas de la parte afectada; y mientras que estos fluidos vitales manen, la naturaleza no dejará desprovista de ayuda a la montaña.»[56]

Y en botánica Leonardo encuentra la misma ley de la compensación, ya que la Madre Naturaleza jamás deja abandonadas a sus criaturas: «Cuando un árbol pierde un trozo de su corteza, entonces la naturaleza, con miras a cuidar de él, le proporciona a la porción dañada mayor cantidad de savia nutriente que a cualquier otra parte del árbol; de ese modo, y debido a la primera escasez a la

---

[55] MS. F., fol. 56º. Véase Herzfeld, p. 59; *Selections*, p. 54.
[56] MS. H., fol. 77º. Véase Herzfeld, p. 63; MacCurdy, Vol. I, p. 77.

que me he referido, la corteza de esa zona crece mucho más gruesa que en cualquier otro lugar del árbol.»[57]

Esta característica maternal de la tierra constituye tal certeza para Leonardo, que la experimenta en la imagen de un cuerpo vivo:[58] «Podemos decir entonces que la Tierra posee un espíritu del crecimiento; que su carne es el suelo; sus huesos, los sucesivos estratos de rocas que conforman a las montañas; sus músculos son la toba, su sangre son las fuentes de agua. El lago de sangre que descansa junto al corazón es el océano...»[59]

La naturaleza es la Gran Diosa misma; ella le confiere a la maternal Tierra, así como también a la madre humana, esa alma vegetativa que «alimenta y anima al hijo.»

«La naturaleza le concede el alma a dicho cuerpo, el alma formativa, esto es, el alma de la madre, que en primer lugar forma en su vientre al hombre y que en determinado momento despierta al alma que a éste lo habitará; la cual previamente dormía y se encontraba bajo el cuidado del alma de la madre, que la alimentaba a ella y a los demás órganos espirituales a través del cordón umbilical, y que así seguirá haciéndolo mientras que el cordón esté conectado con el fruto y las semillas, mientras que el hijo esté unido a la madre.»[60]

Se dijo de Leonardo: «En la naturaleza encontró una y otra vez algo que aprender; era tan devoto a ella como el hijo a su madre.»[61] Y esto es verdad en un sentido mucho más profundo y fundamental de lo que esta «imagen poética» podría hacernos suponer en principio.

No es nuestro objetivo discutir la importancia de Leonardo como científico, asunto que descansa sobre su descubrimiento del experimento científico. «La experiencia no se equivoca,» escribió;

---

[57] MS., C. A., fol. 76°. Véase Herzfeld, p. 120; MacCurdy, Vol. I, p. 317.

[58] Una de sus adivinanzas es como sigue: «Habrá muchos que desollen a su propia madre y doblen su piel.» La respuesta es los labradores. (MS. I, fol. 64°. Véase Herzfeld, p. 279; *Selections*, p. 245.) El carácter arquetípico de esta formulación se muestra en que el mismo «desollamiento» desempeña un lugar preeminente en los ritos de fertilidad del antiguo México.

[59] R. 1000, MS. Leic., fol. 34°. Véase Herzfeld, p. 62; MacCurdy, Vol. I, p. 91.

[60] R. 837, MS. W. AN IV, fol. 184°. Véase Herzfeld, p. 119.

[61] Herzfeld, p. 119

«es nuestro juicio el que se equivoca, al esperar de la experiencia lo que ella no está en capacidad de brindarnos.»[62]

Lo que aquí nos concierne es determinar cuán vivo estaba el arquetipo de la Gran Madre, la diosa de la unidad del cielo y la tierra, en la vida y obra de Leonardo. Ella fue para Leonardo no solamente imagen mitológica; en su trabajo científico alcanzó, además, el nivel de una mirada científica del mundo.

Es por ello que Leonardo habla de una «diosa siempre fecunda» : «La naturaleza rebosa de causas infinitas que nunca han ocurrido en la experiencia.»[63]

O: «El genio del hombre bien puede crear diversos inventos e instrumentos orientados a la misma finalidad; pero nunca descubrirá una manera más hermosa, más económica y más directa de hacerlo que la naturaleza, puesto que en sus invenciones no hay nada que sea incompleto ni superfluo.»[64]

Pero Leonardo no sucumbió a la transfiguración romántica de la naturaleza. También reconoció, junto a la Madre Buena en ella, a la Madre Terrible, tal como se deduce de la siguiente cita, cuyas profundidad y perspectiva son típicas de Leonardo: «Para muchos animales, la naturaleza parecería ser una cruel madrastra en vez de una madre; y para otros, no una madrastra sino una madre cariñosa.»[65]

Su evaluación de las cosas ya no es, pues, cristiana ni medieval. También observa que: «Nuestra vida está hecha de la muerte de otros,»[66] y sin embargo esto no es motivo de culpa; no es para él la demostración de la caída del hombre, la prueba de que está marcado por el pecado original. Este planeta es también una estrella, y el hombre, al menos de manera potencial, es un Creador Divino, aunque pertenezca al reino animal.

«De hecho, el hombre no se diferencia de los animales excepto en aquello que es accidental, y es aquí donde se muestra como una criatura divina; puesto que allí donde la naturaleza, al producir sus especies, termina su obra, él empieza su propio

---

[62] MS. C. A., fol, 154º Véase Herzfeld, p. 5; *Selections*, p. 5.
[63] MS. I., fol. 18. Véase Herzfeld, p. 11; *Selections*, p. 7.
[64] MS. W, fol. 19116. Véase Herzfeld, p. 118-119; *Selections*, p. 103.
[65] MS. SKM. III, fol. 20. Véase Herzfeld, p. 177; *Selections*, p. 278.
[66] MS. H., fol. 89. Véase Herzfeld, p. 117; *Selections*, p. 278.

trabajo: tomándolas y haciendo a su vez con ellas, ayudado por esa misma naturaleza, sus propias especies.»[67]

Y: «El pintor lucha y compite contra la naturaleza.»[68]

Pero en esta rivalidad y «similitud divina», Leonardo no es luciferino; por el contrario, es un humilde devoto de la naturaleza y lo terreno. En contraste con el decreto del Espíritu Celestial de la Escolástica, que determinó de una vez y para siempre toda la vida existente de manera deductiva, esto es, «desde arriba», el hombre moderno que era Leonardo reverenció a la Tierra.

«Todo nuestro conocimiento,» escribió, «encuentra su origen en nuestras percepciones.»[69] Aquí hemos de entender «percepciones» como sinónimo de «experiencia fáctica,» puesto que «Allí donde campee la sensación, habrá los mayores martirios,» [70] esto es, dolor y sufrimiento.[71]

Pero, pese a tener conciencia de su divino poder creativo, Leonardo, hijo de la maternal naturaleza, conserva la condición de «sirviente» en su humilde devoción a la tierra. «Nunca me canso de servir.»[72] «Los obstáculos no me doblegan.» «Todo obstáculo conduce a una firme resolución.»[73]

«Ningún trabajo es capaz de cansarme,» escribe, y continúa: «Manos en las que caen ducados y piedras preciosas como si fueran nieve; nunca se cansan de servir, pero este servicio solamente busca serle útil, puesto que no obedece a nuestras intenciones.» Y concluye con estas orgullosas palabras: «Naturalmente la naturaleza ha dispuesto de mí.»[74]

La fuente inagotable de este sentido de servicio se encuentra en el estado de alerta intensa propia de un ser superior. Es la alerta de la conciencia lo que aquí aparece como actividad y movimiento,

---

[67] Sp. MS. W. AN. B., fol. 13. Véase Herzfeld, 4a ed., p. 104-105; MacCurdy, Vol. I, p. 129.

[68] MS. SKM. III, fol. 44. Véase Herzfeld, p. 159; *Selections*, p. 216.

[69] MS. Triv., fol. 20. Véase Herzfeld, p. 131; *Selections*, p. 4.

[70] MS. Triv., fol. 6. Véase Herzfeld, p. 131.

[71] Que el comentario de Leonardo acerca de la sensación nada tiene que ver con una teoría materialista del conocimiento lo demuestra este aforismo: «Los sentidos pertenecen a lo terrenal, la razón se aparta de ellos para contemplarlos.» (MS. Triv., fol. 33°. Véase Herzfeld, p. 131; *Selections*, p. 6.)

[72] R. 685, MS. W. P., fol. 11. Véase Herzfeld, p. 139.

[73] R. 682, MS. W. L., fol. 198. Véase Herzfeld, p. 141; J. P. Ritcher (ed.), *The literary works of Leonardo da Vinci*, Vol. I, p. 382, No. 682.

[74] R. 685, MS. W. P., fol. 11. Véase Herzfeld, p. 139; y J. P. Ritcher (ed.), *The literary works*, Vol. I, p. 389, No. 685.

como núcleo psíquico de lo humano y de lo creativo: «¡Antes la muerte que el cansancio!»

» Oh, tú que duermes, ¿qué es dormir?», escribe Leonardo. «Dormir se asemeja a la muerte; oh, ¿por qué no haces que tu trabajo sea tal que, después de la muerte, puedas conservar algo semejante a la vida perfecta; en vez de hacer que, durante la vida, tú mismo te parezcas a la desventurada muerte al dormir?» [75]

La suya no es una obra concluida al estilo de las obras del típico artista o científico, grandes inclusive; su intención se pone en evidencia en el símbolo de la «alerta», del «no-estar-cansado.»

«La pasión intelectual desplaza a la sensualidad,» escribe. [76] Esta típica declaración demuestra que, en su caso, el asunto no se reducía únicamente a la represión e inhibición del mundo de las pulsiones, como tampoco a la sublimación de las energías instintivas en un plano superior; sino que se trataba de una suerte de reacomodación de fuerzas, en la cual un genuino poder, que Leonardo denominaba «da pasión del espíritu», había cobrado preeminencia. Como se sabe, el espíritu es también una «fuerza dominante» de la psique humana.

El hijo-héroe del mito no es solamente el hijo de la Madre Virgen, también es el hijo del Padre Espíritu que la fecunda. Esta «situación mitológica», que en Leonardo -al igual que en todos los hombres creativos- asume la forma de la búsqueda del «padre verdadero», del Padre Espíritu, conduce como regla a dos eventos complementarios: el «asesinato del padre colectivo», esto es, la transgresión del mundo de los valores tradicionales correspondientes a la época en que vive el héroe, y el encuentro del Dios desconocido.

En Leonardo, el asesinato del padre se manifiesta en su radical antiautoritarismo y antiescolasticismo, junto con su no menos radical actitud anticonfesional. Es tan marcada esta disposición en él, que los hombres de su tiempo la consideraron sospechosa e incluso -equivocadamente- anticristiana.

» Quien en la discusión apela a la autoridad, no usa la inteligencia sino la memoria,» escribió. [77] Podremos comprender el

---

[75] MS. C. A., fol. 76. Véase Herzfeld, p. 122; *Selections*, p. 274.
[76] MS. C. A., fol. 358. Véase Herzfeld, p. 140; MacCurdy, Vol. I, p. 72.
[77] MS. C. A., fol. 76. Véase Herzfeld, p. 9; MacCurdy, Vol. I, p. 95.

auténtico sentido de esas palabras si consideramos que la ciencia y la medicina de su época se basaban en la autoridad de los antiguos, del mismo modo en que el entero edificio religioso del medioevo se fundaba también en la «autoridad» de la Biblia y sus exégetas. Con esta protesta Leonardo seguía, pues, un llamado interior que a menudo le valió ser escuchado en su tiempo; pero su peligrosa proximidad a la herejía fue sin duda una de las razones que lo llevó a practicar la escritura en espejo, con unas anotaciones reservadas además para uso exclusivamente personal. Este peligro es obvio si tomamos en cuenta la opinión de Spengler: «Cuando Leonardo da Vinci, en el apogeo del Renacimiento, se encontraba trabajando en su 'Anna Selbdritt', el *Martillo de las Brujas* aparecía publicado en Roma en el más refinado latín humanista.»[78]

Sus adivinanzas ocultan actitudes y pensamientos heréticos. Una de ellas dice así: «En toda Europa las grandes naciones lamentan la muerte de alguien que murió en el Este.»[79] Y la solución es: «Las lamentaciones del Viernes Santo.» O este otro acertijo -anterior a la Reforma- acerca de la adoración de las imágenes de los santos: «Los hombres hablan con hombres que oír no pueden, cuyos ojos abiertos no ven; hablan con ellos y no obtienen respuesta; imploran el perdón a quienes tienen oídos pero no escuchan; encienden velas a quienes son ciegos.»[80]

Palabras dichas, curiosamente, por un pintor de vírgenes y santos. No hay acertijo más revolucionario que el de «das iglesias y las habitaciones de los frailes» : «Habrá muchos que renunciarán al trabajo y a las labores, a una vida pobre y austera, y que se irán a vivir entre la riqueza en espléndidos edificios, declarando que ésta es la manera de volverse aceptable a los ojos de Dios.»[81]

La actitud antiautoritaria del héroe, cuya misión es acompañar el surgimiento de lo nuevo, está arquetípicamente condicionada y no puede ser derivada, como pretende Freud, de la historia de la niñez de Leonardo; una historia, por cierto, construida sobre falacias. Freud escribe: «En la mayor parte del

---

[78] Spengler, Vol II, pp. 291-292. [*Anna Selbdritt = La Virgen y el Niño con Santa Ana*, como motivo pictórico. *Martillo de las brujas = Malleus Maleficarum*, manual de castigo a las brujas. Nota del editor original.]

[79] MS. C. A., fol. 370. Véase Herzfeld, p. 297; *Selections*, p. 248.

[80] MS. C. A., fol. 137. Véase Herzfeld, p. 292; *Selections*, p. 249.

[81] MS. C. A., fol. 370. Véase Herzfeld, p. 302; *Selections*, p. 249.

resto de seres humanos -y hoy no menos que en los tiempos primitivos-, la necesidad de contar con el soporte de alguna autoridad de cualquier tipo es tan urgente, que el mundo tambalea si es que dicha autoridad se ve de algún modo amenazada. Solamente Leonardo podía prescindir de dicho soporte; no habría sido capaz de ello si no hubiese aprendido, en la más tierna infancia, a vivir sin la presencia de su padre.»[82]

Tal como a menudo sucede en Freud, lo que es falso en el plano personalista, es verdadero en el plano arquetipal. El Padre Espíritu del héroe, esto es, su realidad «pneumática» interior, el «viento» que fecunda a la diosa buitre, es desconocido para el propio héroe, quien todo lo experimenta a través de la madre; la cual, en tanto Gran Madre, también contiene dentro de sí los aspectos masculino y espiritual. Es posible encontrar esta misma constelación en el desarrollo normal del niño, al menos en Occidente. Solamente de manera gradual el niño se libera de la urobórica Gran Madre de la relación original; un mundo al principio unitario que, posteriormente, se separa en sendas oposiciones dominadas respectivamente por el arquetipo de la madre y el arquetipo del padre, y que finalmente se convierte en el mundo patriarcal dominado por el arquetipo del padre. Pero en el «héroe» la constelación es diferente. El alejamiento de su padre personal y del mundo que aquél representa, conduce al héroe a la «búsqueda» de su «padre verdadero», la autoridad espiritual de la cual desciende directamente.

Pero mientras que los héroes que son «hijos del Padre» alcanzan a experimentar la unidad durante la lucha contra el dragón (» Yo y el Padre somos uno»), por el contrario los «hijos de la Madre», incluso habiendo establecido una relación con el Padre Espíritu, siempre permanecen en las cercanías de la Madre, a través de la cual la suprema divinidad se les manifiesta. En estos casos no es infrecuente que el principio paternal-masculino aparezca yuxtapuesto o subordinado al principio maternal, tal como es la regla en la fase matriarcal.

De este modo, en la experiencia religiosa de Leonardo la divinidad masculina, esto es, el espíritu paternal recientemente

---

[82] Freud, pp. 122-123.

descubierto bajo la forma del Dios desconocido, permanece subordinado a la Diosa Madre, aunque Leonardo no fue consciente de esto. Como demiurgo, como maestro inventor y constructor, Leonardo elogió al Dios creador, y sus sentimientos religiosos emergen a menudo desde la ferviente emoción que en él despierta su conocimiento de la naturaleza y de las leyes que la gobiernan.

» ¡Qué admirable es tu justicia, oh, Tú, Primer Motor!», exclama. «No has querido que ninguna fuerza sea privada de los procesos o cualidades necesarias para alcanzar sus resultados.»[83] Esta formulación aún lleva la impronta platónica de su época. Pero en la medida en que sus formulaciones van incorporando los resultados de sus investigaciones, la imaginería de Leonardo se enriquece y concretiza. «Que ningún hombre que no sea matemático lea los fundamentos de mi obra.»[84] Podría decirse que esta sentencia anticipa el desarrollo de las ciencias naturales, y aun así no expresa la mirada de Leonardo en toda su profundidad.

«La necesidad es la dueña y guía de la naturaleza. La necesidad es el tema y el inventor de la naturaleza, su eterno freno y ley.»[85]

«La naturaleza no quebranta su ley.»[86]

El vínculo entre el Padre Espíritu en tanto ley, en tanto idea o razón fundamental, y la Gran Diosa Naturaleza, constituye el fundamento arquetípico de todas las concepciones panteístas. En términos mitológicos, el viento fecunda a la diosa buitre y engendra el movimiento en ella; él es la ley espiritual de la vitalidad de la diosa. En el correspondiente nivel de su visión, Leonardo declara: «La naturaleza está constreñida por la lógica de su ley, que es la que le infunde sus formas.»[87] Y la imagen mitológica de la semilla espiritual aún es discernible en este «infundir».

Aquí encontramos una extraña similitud entre Leonardo y Spinoza, que en otros aspectos se diferenciaban notablemente. No me refiero únicamente al «método matemático» que anticipó Leonardo, ni al *Deus sive natura* que igualmente para Spinoza

---

[83] MS. A., fol. 24. Véase Herzfeld, p. 22; *Selections*, p. 76.
[84] MS. W., fol. 19118. Véase Herzfeld, p. 3; *Selections*, p. 7.
[85] MS. SKM, III, fol. 43. Véase Herzfeld, p. 12; *Selections*, p. 7.
[86] MS. C., fol. 23. Véase Herzfeld, p. 12; *Selections*, p. 7.
[87] MS. C., fol. 23. Véase Herzfeld, p. 12; *Selections*, p. 7 (mod.)

difería de una concepción materialista; sino, en particular, al principio del «amor a partir del conocimiento», que para ambos hombres constituía la forma más elevada de realización humana. Leonardo dijo: «La pintura es la manera de aprender a conocer al hacedor de todas las maravillas del mundo y de amar a un inventor tan magnífico. Porque el amor surge del completo conocimiento del objeto que uno ama; y si uno no lo conoce, poco o nada podrá amarlo.»[88]

Como un eco de lo anterior, Spinoza responde casi ciento cincuenta años después: «Este tipo de conocimiento resulta de una directa revelación del objeto mismo a la comprensión. Y si dicho objeto es glorioso y bueno, entonces se sigue necesariamente que este conocimiento invocará al amor.»[89]

Esta actitud «gnóstica» del amor a través del conocimiento[90] bajo el auspicio del Padre Espíritu, contrasta con el inconsciente tono afectivo de su relación con la Gran Madre, discernible en estas palabras que rebosan de orgullosa gratitud: «Naturalmente la naturaleza ha dispuesto de mí.»

Su vínculo con la naturaleza es directo y primario, mientras que su amor a través del conocimiento es derivado y secundario; al igual que la madre es directa y primaria para el niño, mientras que el padre es, asimismo, derivado y secundario.

Únicamente tras visualizar estos desarrollos y experiencias internas, podemos concebir la soledad en que vivió Leonardo. La situación del hijo-héroe, que en su mundo contemporáneo se experimenta a sí mismo como Hijo del Padre Espíritu desconocido, es siempre la gnóstica «existencia en un mundo extraño». Pero, en Leonardo, la terrenalidad y profunda afirmación de la vida por parte del «Hijo de la Madre», compensa y a la vez vuelve más compleja esa unilateralizada constelación gnóstica. Este conflicto, a todas luces nuclear, explica la ambigüedad y fragmentación de su existencia. Leonardo, el hijo ilegítimo, se codeó con aristócratas, príncipes, reyes y papas de su tiempo, y a la

---

[88] Del *Traktat von der Malerei* [*Tratatto della Pittura*], p. 54; *Selections*, p. 217

[89] A. Wolff (tr.), *Spinoza's short treatise on God, man and his well-being*, Parte II, cap. 22, p. 133.

[90] La transición a Spinoza la proporciona la filosofía renacentista del amor, cuyo representante más destacado fue Leo Hebraeus. Sus *Dialoghi d'amore* aparecieron en 1535.

vez encarnó la solitaria nobleza propia del genio, admirado a la lejanía pero comprendido y amado por nadie.

Leonardo vio en el hombre la obra más grande y perfecta de la naturaleza; en unos dibujos anatómicos escribió al margen: «Y tú, hombre, que en este mi trabajo apareces como una de las maravillas de la naturaleza, si juzgas que destruirla es un acto criminal, date cuenta cuán más criminal es quitarle la vida a un hombre; y si este revestimiento externo te parece maravillosamente construido, recuerda que no es nada comparado con el alma que habita en el interior de esa estructura; de verdad te digo que cualquier cosa que esa estructura sea, es algo divino. Déjala que haga su trabajo como le plazca, y no permitas que tu ira y tu malicia destruyan esa vida, porque quien no la valora no la merece.»[91]

Sin embargo, este mismo respeto por el hombre tiene como acompañante al desprecio por la chusma, que ni es creativa ni, por lo tanto, representa la imagen divina: «Opino que los hombres ordinarios que cultivan malos hábitos y poseen escaso razonamiento, no merecen instrumentos tan refinados ni una variedad tan enorme de mecanismos que hacen posible concebir ideas y reflexionar, sino tan sólo un saco donde la comida sea recibida y pase a su través. Porque no se les puede reconocer otra condición que no sea la de ser un pasaje para el alimento, ya que a mi juicio no tienen nada en común con la raza humana excepto la voz y la forma. Y todo lo demás por debajo del nivel de las bestias.»[92]

El mismo Leonardo, que se oponía a quitarle la vida a un hombre, que era vegetariano[93] y de quien se decía que, incluso en sus días de mayor pobreza, acudía al mercado de aves en cautiverio tan sólo para liberarlas, era el mismo Leonardo que diseccionaba ranas vivas, el que construía las más espantosas máquinas de guerra y el que, además, se ufanaba de ser su inventor. Fue consejero personal de César Borgia, y estudió y dibujó la fisonomía de los condenados a muerte en su camino al cadalso. Este pintor sin igual de las bellezas del alma, no tuvo parangón en cuanto al discernimiento del aspecto bestial y malvado del rostro humano;

---

[91] MS. W., fol. 19001. Véase Herzfeld, p. 137; *Selections*, p. 280.
[92] MS. W., fol. 19038. Véase Herzfeld, p. 105; *Selections*, p. 279.
[93] R. Langton Douglas, *Leonardo da Vinci. His life and his pictures*, p. 1.

fue el primero en ver al hombre como un mono, como una caricatura de sí mismo.

Leonardo sufrió esta tensión entre los opuestos del cielo y de la tierra; en su mundo, situado más allá del bien y del mal, fue apenas otro solitario hombre creativo antes de Nietzsche. Porque no tuvo ataduras de ningún tipo, ni quisiera con sus contemporáneos de mayor renombre. Estaba tan alejado de la titánica preocupación de Miguel Ángel con su obra, como de la contemporizadora felicidad de Rafael. El «poco fiable» y problemático Leonardo, que nunca terminó nada, vivió como un marginal, si es que no como un paria, respecto de los hombres más afamados de su tiempo. A pesar de sus múltiples registros, y a pesar también de su desesperante incapacidad para encontrar satisfacción en una sola actividad, Leonardo nunca sufrió de inquietud ni de ansias persecutorias. Fue cualquier cosa menos una «naturaleza problemática», en el sentido usual del término; y menos aún un hombre enfermo, incapaz de llevar a cabo trabajo alguno.

El objetivo que se impuso, esto es, combinar en el arte la ley y la necesidad del espíritu, al que buscó aprehender en las medidas y proporciones del cuerpo, con la espontaneidad creadora de belleza de la naturaleza, fue tan ambicioso y paradójico que el resultado casi siempre estuvo limitado a lo experimental y fragmentario. Igualmente paradójica fue su lucha por construir una unidad superior a partir de la combinación del espacio infinito y de la forma humana; o a partir, asimismo, de la combinación de la profundidad del fondo y la amplitud del primer plano, y de la oposición entre luz y sombra en todas sus transiciones y gradaciones. «Leonardo comienza por el interior, por el espacio espiritual que hay dentro de cada uno de nosotros, pero no trazando las habituales líneas de definición, y, cuando acaba [...], la esencia del color se hace presente como si la hubiesen exhalado sobre la estructura del cuadro.»[94]

Aquí el objetivo es, nuevamente, alcanzar la síntesis del espíritu y la naturaleza, de lo infinito y lo finito, de la invisible realidad de un alma hecha visible y la tangible realidad de un cuerpo sin limitaciones espaciales. La naturaleza paradójica de estos

---

[94] Spengler, Vol. I, pp. 277-278.

problemas cautivó a Leonardo, quien se dedicó a ellos con toda la pasión de su ser; aun cuando, al mismo tiempo, los contemplaba a la distancia, tal como se observaba a sí mismo desde un punto exterior a él. Sus notas, escritas con un estilo indirecto, revelan con claridad esta manera de observarse. Leonardo jamás escribe «yo haré», «yo debo»; sino, cual si fuera una voz la que le hablara, «tú debes», «tú tienes que». Esta distancia, este infatigable intento, jamás abandonado siquiera en medio de la pasión más absorbente de su trabajo, de alcanzar un punto medio entre los contrarios que experimentó y sufrió en toda su profundidad e intensidad, es exclusivo de Leonardo.

Leonardo estaba abierto a todo; era el Hijo de la Madre, así como también Hijo del Padre. Sufrió en carne propia el cruce de lo vertical (vínculo con el Espíritu, hombre medieval, Padre Celestial) con lo horizontal (vínculo con lo Terrenal, hombre moderno, Gran Madre). Fue merced a este cruce del cielo y la tierra, que es la Cruz del hombre moderno,[95] que Leonardo descubrió la nueva posición del hombre entre dichas fuerzas.

La Última Cena, a mi juicio, es la expresión tanto de la lucha como de la síntesis de los opuestos. En el Cristo de la pintura se percibe y se configura de una manera completamente nueva la síntesis Dios y hombre, superior e inferior. Este Hijo del Hombre, rodeado de sus discípulos, es una imagen arquetípica y, aun así, real y terrenal -porque se materializa en ella- del hombre primordial. Es la imagen de lo que el hombre es «real y esencialmente». El Cristo de Leonardo no es un Cristo sufriente, no encarna el dolor, tampoco es el Cristo del Evangelio de San Juan. Es más humano, puesto que constituye el núcleo de lo humano, alrededor del cual los discípulos, de manera dramática y aun así armónica, se agrupan representando los diferentes temperamentos que abarca la naturaleza humana. No es solamente el «hombre del Este», ni el hombre carente de alguien que lo apoye; no es únicamente el joven Dios encarnado; es, además, la transfiguración de todo lo que es humano, la soledad del sabio. Y en sus brazos abiertos habita el silencio receptivo de alguien que se ha sometido a la necesidad de un destino que no es otro que el suyo.

---

[95] Jung, *Aion*, Índice, s. v.

Sabemos durante cuánto tiempo y con cuánta perseverancia -propia de Leonardo pese a su obra fragmentaria- lidió con esta pintura. Que dejara inacabado el rostro de Cristo, sólo prueba que guardó fidelidad a su imagen interior y que no le preocupaba el ideal de completitud que tanto significa para la humanidad, particularmente importante en su época. Esta imagen de hombre, cuya primera manifestación tuvo a Leonardo por receptor, tenía que permanecer incompleta puesto que inherente a lo humano y a lo terrenal es la incompletitud, tal como Leonardo, quizá el primero de los hombres modernos, experimentó en el sufrimiento de su propia existencia.

Pero la lucha con la Gran Madre, el tema central en la vida de Leonardo, nunca concluyó y lo condujo, a la edad de cincuenta años, a ejecutar las más supremas creaciones no sólo de la pintura europea, también de todo lo que tuviera que ver con la encarnación creativa de lo femenino.

La *Mona Lisa* y *Santa Ana con la Virgen y el Niño* son expresiones incomparables de este periodo, en el cual lo femenino, a través de Leonardo, se mostró a Occidente de una nueva manera, en cierto sentido definitiva. No es casual que la *Mona Lisa* haya fascinado a millares de hombres durante siglos ni que ocupe un lugar único en la pintura europea. Pero, ¿por qué la *Mona Lisa*, de todos los retratos femeninos europeos, es considerada como la representante por antonomasia del acertijo de lo femenino? ¿Por qué esa sonrisa invita, una y otra vez, a su interpretación, como si confrontara al hombre moderno una pregunta que demandara una respuesta?

En esta pintura lo femenino aparece de una manera única; no como la Diosa Celestial ni como la Madre Tierra, sino como un alma humana en la cual lo celestial y lo terrenal hubiesen alcanzado una nueva síntesis. Hay en la *Mona Lisa* algo indefinible, algo fugitivo y místico, una fascinación y una misteriosa sensualidad; uno podría decir, sin temor a equivocarse, que todo ello se manifiesta a su través, puesto que en la infinitud del fondo, en las transiciones cromáticas, en la combinación de luces y sombras, habita un alma que está encarnada tanto en Mona Lisa misma como en el paisaje, tanto en la indescriptible unidad de la pintura como en cada uno de sus detalles, las manos, la sonrisa, las montañas del fondo o el camino serpenteante que conduce al misterioso azul de los lagos.

«La presencia que emerge de las aguas de este modo tan extraño, expresa lo que los hombres siempre han deseado a lo largo de los milenios. Suya es la cabeza en la cual 'han confluido todos los extremos del mundo', y los párpados lucen un tanto cansados. Es una belleza forjada en la carne, el depósito, en cada uno de sus poros, de extraños pensamientos y de ensueños fantásticos. Si por un momento la colocáramos junto a las diosas griegas de blanco mármol o a las hermosas mujeres de la Antigüedad, ¡cuán turbadas se sentirían por su belleza, conocedora de todas las tribulaciones del alma! Todos los pensamientos y toda la experiencia del mundo se han incubado y moldeado allí; ella expresa y refina, a través de su expresión, la sensualidad de Grecia, la lujuria de Roma, el misticismo de la Edad Media con su ambición espiritual y amores imaginativos, el retorno del mundo pagano, los pecados de los Borgia. Ella es más antigua que las rocas entre las cuales está sentada; al igual que el vampiro, ha muerto muchas veces y aprendido secretos de la tumba; ha buceado en océanos profundos; nos recuerda la Caída; ha traficado con mercaderes orientales en rutas extrañas; como Leda, ha sido la madre de Helena de Troya, y, como Santa Ana, la madre de María; y todo esto ha sido para ella como el sonido de liras y flautas, y vive solamente en la delicadeza con la cual esto ha moldeado cambiantes perfiles y teñido pestañas y manos. El lujo de una vida perpetua, que abarque diez mil experiencias, es un viejo anhelo; y la moderna filosofía ha concebido la idea de una humanidad forjada por, y resumida en, todo tipo de pensamientos y estilos de vida. Ciertamente, *Lady* Lisa encarna este viejo anhelo, el símbolo de una idea moderna.»[96]

Lo mediato e indefinible, lo amable y cruel, lo cercano y lejano, lo momentáneo y sin embargo eterno, rasgos que Pater emplea para referirse a esta mágica pintura, corresponden casi punto por punto con la arquetipal imagen femenina del alma, el ánima, que la psicología profunda descubriría posteriormente. Y es muy significativo que sólo Leonardo, previamente liberado de la realidad de todos los lazos terrenales, tuviera éxito en conjurar y

---

[96] Walter Pater, *The Renaissance. Studies in art and poetry*, pp- 129-130.

materializar el alma femenina. En *Mona Lisa*, la amada inmortal comparece ante este hombre de cincuenta años de edad como Sofía, la contraparte intangible y trascendente del hombre.

En la gnosis valentiniana «el alma del mundo ha nacido de la sonrisa de Sofía.»[97] Y con la sonrisa de *Mona Lisa* nació el alma del hombre moderno, en la cual se combinan la Virgen y la bruja, lo terrenal y lo divino.[98]

Aquello que se abrió paso en Leonardo tras su encuentro con Mona Lisa, lo condujo a la victoria del Eros sobre el Logos, del amor sobre el conocimiento. Las palabras «el amor todo lo conquista»,[99] que sonarían banales en otros labios, expresan en el caso de Leonardo, para quien el amor nacía del conocimiento, la aparición de una nueva perspectiva.

Todas las grandes pinturas de Leonardo posteriores a *Mona Lisa* han de ser comprendidas a luz de este Eros, que renovó y transformó su vida. Esto se hace aún más evidente en conexión con *Santa Ana* (Imagen 2), en la cual Leonardo alcanzó una magnífica nueva concepción de las Santas Madres.

Además de la unidad de madre e hija, Demeter y Core, el grupo matriarcal de Eleusis incluye un tercer miembro: la hija divina o el hijo divino.[100] En la pintura cristiana de *Santa Ana con la Virgen y el Niño*, esta primordial figura matriarcal ingresa a un ámbito eminentemente patriarcal-cristiano. Por esta razón María, que sostiene al Niño Jesús, a menudo es representada como una niña sentada en el regazo de su madre. De este modo Santa Ana aparece, pues, como una fuente inagotable de las sucesivas generaciones, como una especie de Gran Madre viviente en el cristianismo.[101]

Según la leyenda, Santa Ana pertenece al grupo arquetípico de mujeres estériles y casadas con hombres terrenales a las cuales la

---

[97] G. Quispel, *Gnosis als Weltreligion*, p. 76.

[98] Esta pintura, en la cual Leonardo trabajó durante cuatro años, también quedó sin terminar. Mona Lisa murió repentinamente a la edad de veintiséis años. Es posible que Leonardo, quien conservó esta pintura hasta el final de sus días, hubiese percibido el vínculo entre la vida y la muerte que cubre como un velo de irrealidad ese rostro misterioso.

[99] MS. C. A., fol. 344. Véase Herzfeld, p. 149; MacCurdy, Vol I, p. 96.

[100] C. Kerényi, «Kore», p. 198 y ss., en *Essays on a science of mithology*, cf. mi *Los orígenes e historia de la conciencia.*

[101] Debemos este descubrimiento a la señora Olga Froebe-Kapteyn, fundadora del Archivo Eranos en Ascona, Suiza.

divinidad sin embargo fecunda. La promesa del dios a la mujer estéril reemplazará posteriormente a la fecundación mitológica por parte del mismo dios. Según la leyenda, Santa Ana tuvo tres maridos, dio a luz a innumerables santos y es la santa patrona del nacimiento y de las minas, todo cual presta testimonio de su original aspecto de Diosa Madre de la fertilidad. En la pintura cristiana lleva un vestido de color rojo, símbolo del amor, y un manto de color verde, como el de la naturaleza, en contraste con el manto de color azul de María, quien representa el aspecto de Sofía-Espíritu.

En la obra de Masaccio, la figura de Santa Ana ocupa el fondo; en actitud protectora, propia de las vírgenes con mantos, sus brazos abiertos acogen a María y al Niño.

En las figuras simbólicas de Ana y María discernimos el contraste entre los aspectos «elementales» y «transformadores» de lo femenino arquetípico.[102] En aras de la simplificación, podemos decir que el aspecto elemental está en correspondencia con el aspecto maternal, contenedor, procreador, nutricio y protector; mientras que el aspecto transformador está, en su forma más elevada, en correspondencia con el aspecto de Sofía de lo femenino.

Las circunstancias históricas en las que surge la pintura de Leonardo no carecen de interés. Fueron los Siervos de María quienes, en el año 1500, comisionaron la *Santa Ana* para la iglesia Santissima Annunziata en Florencia.

Durante ese periodo, las órdenes religiosas consagradas al culto de María promovieron la importancia de la doctrina de la Inmaculada Concepción. La aceptación de este dogma condujo, con el paso del tiempo, a la adopción de la tesis de que la madre de la Virgen había sido una mujer eminentemente santa. Las antiguas leyendas que sostenían que Santa Ana había tenido tres maridos y tres hijas sufrieron un descrédito cada vez mayor. Esta suerte de movimiento en la teología católica alcanzó su punto culminante en 1494, con la publicación de un libro en honor a Santa Ana, obra del famoso erudito alemán Johannes Trithemius, Abad de Sponheim.[103] «Santa Ana, escribió el autor, fue escogida por Dios

---

[102] Cf. mi *Los orígenes e historia de la conciencia*, Parte I.
[103] Johannes Thrithemius, *De laudibus Sanctissimae Matris Annae tractatus* (1494).

para que lo sirviera de manera devota antes de la creación del mundo. Ella concibió 'sin concurso de un hombre', y fue tan pura como su hija. ¿Por qué, entonces -pregunta Trithemius-, no honrar a la madre tal como honramos a la hija?» [104]

Esta doctrina de la virginidad de Santa Ana, que la Iglesia posteriormente rechazaría, le dio a Leonardo la oportunidad de despertar a la imagen arquetípica de lo femenino que yacía durmiendo en su inconsciente y de representar el arquetipo madre-hija en la unidad de Ana y María.

A primera vista, la pintura de Leonardo parece amoldarse al patrón usual. La silueta de Santa Ana abarca a María, que está sentada en su regazo, y ambas, como ya se dijo, forman una unidad. En la viñeta (de distinta composición) que Leonardo preparó para la pintura de Santa Ana (Imagen 3), uno se siente tentado a decir que se trata de una figura de dos cabezas. Esta condensación de las «dos madres» en una sola figura, que llamó la atención de Freud,[105] emerge de una constelación arquetípica, correspondiente al mito el héroe que posee una madre terrenal y otra celestial.[106]

Sin embargo, por lo general Santa Ana es representada como madre y María como hija. Es así que ambos motivos, en Leonardo, aluden a sendas figuras gemelas que representan lo eternamente joven de lo femenino; y que, al igual que la Demeter y la Core eleusinas, son susceptibles de ser llamadas «las diosas» [107] Pero en Leonardo hay además un extraño contrapunto. María, inclinada hacia delante para tomar al niño, representa el carácter maternal y elemental de lo femenino; mientras que la sonriente Santa Ana habita los predios espirituales, transformadores de Sofía,[108] combinación que aquí forma un segundo plano más significativo y misterioso que en *Mona Lisa*.

Este contrapunto, en el cual el aspecto Sofía-espíritu-transformación posee superior peso específico que el aspecto elemental de lo materno, constituye la expresión simbólica de una

---

[104] Douglas, p. 26.
[105] *Leonardo*, pp. III y ss.
[106] A menudo, aunque no siempre, la oposición entre el bien y el mal está involucrada.
[107] cf. mi *La Gran Madre,* parte II.
[108] cf., ibid, parte II.

situación arquetípica que parece ser propia no sólo de Leonardo, sino también del hombre moderno en general.

Allí donde el aspecto elemental de lo femenino tiene predominancia, tal como sucede en las épocas donde lo matriarcal está más acentuado, el mundo psíquico es relativamente estático, puesto que el gobierno de la Gran Madre implica no solamente la dominación de la conciencia por parte del inconsciente,[109] sino también una situación relativamente estable. Las culturas de este tipo son conservadoras y, en cierto grado, incluso reaccionarias porque el aspecto instintivo del inconsciente, representado por el arquetipo de la Gran Madre, establece un sistema rígido de actitudes inconscientes, donde hay muy poco espacio para la iniciativa y actividad del Yo y de la conciencia, esto es, del aspecto masculino. En contraste polar con esta situación, en la cual la Gran Madre domina a su hijo-amante, se yergue el Héroe, poseedor de un Yo y de una conciencia más desarrollados, quien así representa un «nuevo intento» por parte de la psique. No obstante, allí donde el aspecto elemental de lo femenino predomine, la masculinidad juvenil apenas será -en términos mitológicos- un «fruto de estación». En esta etapa, el Héroe está condenado a una muerte temprana; el inconsciente asimila todas las actividades del Yo y las emplea para sus propios fines, impidiendo de ese modo su maduración en la realidad de un mundo independiente y privativo de la conciencia.

El hombre medieval estuvo «contenido» en el seno de la Madre Iglesia. Pero cuando el aspecto transformador adquirió predominancia en desmedro del aspecto elemental, el desarrollo occidental empezó a girar desde entonces en torno a la transformación de la conciencia y de la personalidad total.

El sincronístico incremento de la literatura alquímica, la cual, según lo ha demostrado Jung,[110] representó un intento de expresar este proceso de transformación psíquica, al igual que muchas otras «señales de los tiempos», por ejemplo, la Reforma, fueron claros indicios de que el centro de la vida psíquica empezaba a cambiar en dirección a lo individual. El Renacimiento ha sido llamado con justicia la época del descubrimiento del

---

[109] Véase mi *Los orígenes e historia de la conciencia*, parte I.
[110] Especialmente en *Psicología y alquimia.*

individuo. En los siglos posteriores el individuo y su destino, esto es, el problema de su contención en la psique colectiva -en lo colectivo externo e interno-, ocuparía el primer plano en la política, el arte, la literatura, la sociología y, por supuesto, también en la psicología.

La infatigable movilidad de Leonardo, que impidiéndole detenerse durante mucho tiempo en cualquier obra o visión lo impulsó además al cambio permanente, es la expresión de una inquietud similar en el hombre moderno, quien empieza a percatarse de la misteriosa infinitud de la psique. No es casual que Walter Pater haya descubierto este aspecto transformador en las figuras femeninas de Leonardo, en la *Mona Lisa* y en las mujeres de la Sagrada Familia, de las cuales dice lo siguiente: «Son las clarividentes, a través de las cuales, como si fueran delicados instrumentos, uno advierte las sutiles fuerzas de la naturaleza y sus modos de acción, todo lo que es magnético en dichas fuerzas, todas esas especiales condiciones merced a las cuales los objetos materiales se elevan hasta alcanzar una superior condición espiritual, sutil operación que sólo está al alcance de unos cuantos pocos hombres. Es como si pudiésemos, gracias a la intermediación de estos ejemplos significativos, ver en acción a estas fuerzas y a sus efectos sobre el hombre. Por medio de arrobamientos, éxtasis e incluso desmayos, estos personajes parecerían estar expuestos a condiciones excepcionales, como si fueran objeto de ciertos poderes imperceptibles para otros, de los cuales serían, por así decirlo, sus recipientes, en virtud de lo cual estarían en capacidad de transmitirnos sus efectos gracias a una cadena de influencia secretas.»[111]

En la pintura de Leonardo, la hija que da a luz al Salvador representa, por lo tanto, el carácter elemental; está subordinada a Santa Ana, la Gran Madre y fuente de transformación espiritual. Es aquí donde encontramos la manifestación de una constelación arquetípica cuya revolucionaria importancia no podemos dimensionar por completo incluso hoy en día.

Después de Leonardo, ha sido Goethe el único occidental en desplegar la misma tendencia hacia la individuación en una

---

[111] Pater, p. 130.

unidad infinitamente móvil de vida y obra. No es descabellado considerar a Leonardo, pese al anacronismo, un «hombre fáustico». En el Fausto de Goethe adquieren formulación consciente las constelaciones arquetípicas a las cuales Leonardo les había dado forma. Y lo que Goethe afirma de las Madres está en concordancia con su naturaleza transformadora: «Formación, transformación, eterna preservación del significado eterno.»

Y la constelación presente en el Santa Ana reaparece también al final de la segunda parte del Fausto. La forma doble que conforman Ana y María levantando al hijo, está en correspondencia con el Eterno Femenino, que lleva al niño Fausto «hacia adelante». La diosa buitre es la Diosa del Cielo. En la pintura de Leonardo, la cabeza de Santa Ana se eleva hacia el celestial mundo etéreo. Y en Goethe:

> **Diosa Suprema del mundo**
> **permíteme contemplar tu secreto**
> **en el despliegue**
> **del manto azul del cielo.**

Curiosamente, la unidad del grupo matriarcal de Ana, María y el Niño con el buitre, símbolo arquetípico de la Gran Madre, encuentra expresión, aunque oscuramente, en la pintura de Leonardo. El descubrimiento los realizó Pfister (Figura 1): «A lo largo del manto azul, rodeando las caderas de la mujer que aparece en primer plano y extendiéndose sobre su regazo y rodilla derecha, uno puede observar la típica cabeza de un buitre, su cuello y la curva a partir de la cual comienza su cuerpo. Ningún observador confrontado con mi pequeño descubrimiento, ha sido capaz de oponerse a la evidencia.»[112]

Como es natural, Freud y Pfister relacionaron la imagen inconsciente del buitre con el recuerdo la infancia de Leonardo. En la pintura, la cola del buitre, al igual que en la fantasía, aparece sobre la boca del niño, quien gira su cabeza hacia arriba mientras tiene al corderillo a sus pies.

---

[112] O. Pfister. «Kryptolalie, Kryptographie und unbewusstes Vexierbild bei Normalen», p. 147.

Aquí surge la pregunta de si el «error» de Freud, que hemos discutido anteriormente, desacredita el descubrimiento de Pfister; ya que, si el ave del recuerdo de infancia de Leonardo no era un buitre, sino un *nibio*, un milano, ¿por qué habría aparecido un buitre en la pintura *Santa Ana con la Virgen y el Niño*? La respuesta de Strachey es: «el 'pájaro escondido' en la pintura de Leonardo debe ser abandonado.»[113] Pero si miramos el asunto con mayor profundidad llegaremos a otra conclusión. Pfister y Freud tenían en mente una figura *inconsciente*, y no hay razón para suponer que tal imagen inconsciente deba coincidir con el recuerdo consciente de Leonardo de un «milano». Si, con Pfister y Freud, reconocemos -y así los hacemos- la forma de un buitre tocando los labios del Niño Jesús con su cola, llegamos a la conclusión de que la pintura requiere tanta interpretación como antes, e incluso más todavía, puesto que ahora debemos preguntarnos: ¿cómo así el recuerdo consciente de un milano se transformó en la imagen inconsciente de un buitre? Pero formular esta pregunta equivale a contestarla. El recuerdo consciente de un milano zoológicamente definible, ha sido reemplazado por la característica imagen simbólica de la Gran Madre. Al margen de que demos por hecho que esta forma haya surgido de una imagen arquetípica -sabemos que tales imágenes pueden surgir espontáneamente en hombres que no posean «conocimiento» de ellas-, y de que asumamos que Leonardo estuviera al tanto significado maternal del buitre, Freud basa su supuesto en que Leonardo, cuyo bagaje cultural era amplísimo, debía estar enterado de que el buitre era un símbolo materno habida cuenta de que los Padres de la Iglesia, al hablar del nacimiento de la Virgen, citaban constantemente la leyenda del buitre hembra fertilizada por el viento. Esta «imagen de buitre» aparece en una pintura de Santa Ana, que tal como hemos visto está íntimamente relacionada con el problema del «nacimiento de la Virgen». Habiendo reparado en esta conexión, no podemos evitar preguntarnos si el «buitre escondido», lejos de ser un producto del inconsciente, no habrá sido puesto en la pintura de manera plenamente consciente por Leonardo. Hipótesis perfectamente compatible con su naturaleza lúdica y con su amor por el misterio.

---

[113] Strachey, nota del editor a Freud, p. 61.

Pero, en cualquier caso, ya sea que creamos que el buitre apareció consciente o inconscientemente en la pintura de Santa Ana, el hecho es que su cola toca la boca del niño al igual que en el recuerdo de infancia. En otras palabras, Leonardo relacionó esta constelación fundamental entre el «Niño Divino» y la «Madre Divina» consigo mismo y se identificó con este niño. Nada de sorprendente tendría este fenómeno si fuese correcto nuestro supuesto, esto es, que en la entera obra de Leonardo se materializó el despliegue de su proceso de individuación. Pero, en cualquier caso -es indispensable enfatizarlo-, si la pintura es más el resultado de un proceso inconsciente que de otro consciente, entonces el «error» de Freud encuentra correspondencia en un error de Leonardo. En ambos hombres la imagen simbólica de la Gran Madre demostró ser más fuerte que la imagen del «milano.»

Si seguimos el borde del lado derecho del triángulo en el que Leonardo, al igual que en *La Virgen de las Rocas*, situó los elementos de esta pintura, obtenemos una secuencia ascendente de figuras simbólicas que abarcan el entero mundo matriarcal, las relaciones entre la Diosa Gran Madre y el mundo, y asimismo entre ella y el hombre: la tierra, el cordero, el niño salvador, el buitre, María y, por encima de todos ellos, el rostro sonriente de Santa Ana rodeado por las espectrales montañas azules del espíritu, que a su vez se disuelven en lo etéreo y celestial.

No es una concepción sacra de las cosas; el énfasis estaría por completo puesto en lo humano. Y es aquí justamente donde esta pintura pone de manifiesto el secreto del mundo moderno, puesto que en ella el simbolismo arquetípico coincide con la realidad terrenal. En el símbolo, la unidad de lo terrenal y veloz y bestial es experimentada como vida humana; y la escisión, antigua y también medieval, entre un superior mundo celestial y un inferior mundo terrenal da lugar a una nueva experiencia antropocéntrica.[114]

Ya sea que María fuera adorada como una diosa celestial, o ya sea que fuera considerada un recipiente inferior, es decir, como matriz terrenal de un Dios que procedente de las alturas celestiales encarnó en ella, lo cierto es que, en cualquier caso, la zona

---

[114] Véase mi «Bedeutung des Erdarchetypes».

intermedia terrenal, humana, se distingue de los ámbitos propios de lo divino. Por esta razón, en el cristianismo lo humano es siempre víctima del pecado, necesitado de la Gracia divina. Pero en la medida en que la psique humana se convirtió en el escenario de la historia divina, o que al menos fue percibida como tal, el hombre adquirió una nueva manera de interpretar el mundo, a la que podemos llamar antropocéntrica; porque es solamente a través de dicha interpretación que la relación entre lo divino y lo humano, esto es, la dependencia de lo divino respecto de lo humano, adquiere claridad.

Leonardo no reflexionó sobre estos asuntos; no los menciona directamente en ninguna de sus meditaciones. Pero al carácter profano de su pintura[115] lo compensa la numinosidad de lo humano, y es esto lo que nos fascina de su trabajo.

En esta nueva manera, aún no plenamente consciente, de ver el mundo, lo femenino como vehículo de lo psíquico recupera su antigua jerarquía en tanto principio que da origen a la vida y al espíritu. Por esta razón la diosa con el niño, respecto de la cual está subordinada la naturaleza terrenal de cordero del infante, desempeña un rol de superior importancia que el Padre Espíritu medieval en lo que se refiere a la determinación de una nueva mirada humana sobre la psique. En el *Santa Ana*, al igual que en casi todas las vírgenes renacentistas, el hijo no es el sacrificio redentor que, abandonado por el Dios cruel, sangra en la Cruz como ofrenda por la humanidad; sino el «Niño Divino» [116] viviente en la sonrisa de las Madres, a quienes además contempla, vinculando así a la suprema Sofía con la tierra que generosa ofrece sus abundantes frutos. El Niño juega con el cordero, la infantil vida animal de la tierra y la humanidad, a la que, en tanto Buen Pastor, más tarde protegerá. Pero incluso como Buen Pastor, a quien le fue confiada la custodia del rebaño, permanece como el Hijo amado de las Madres, el que trae la salvación, el hijo-espíritu de Sofía; quien no sólo acoge y protege la vida nacida de ella, sino que también la transforma, la mejora y la redime.

---

[115] Por esta razón es que debemos considerar a *La Virgen de las Rocas*, de Londres, con el halo que la rodea, y no a la pintura del Louvre, como la obra de un estudiante.

[116] Véase de Jung y Kerényi, *Introducción a la esencia de la mitología*, p. 33 y ss.

En esta Sofía con su sonrisa misteriosa, habita en solitario la nueva y suprema experiencia del Eros de un Leonardo que va haciéndose mayor. Merejkowski habla de un apunte en el cual María aparece enseñándole geometría al pequeño Jesús; algo que, a mi entender, indica que no hay nada de arbitrario ni de accidental en la relación que hemos hallado entre Mona Lisa, Santa Ana y Sofía. A partir de aquí, la sonrisa de Mona Lisa estará siempre presente en las obras de Leonardo, todas sus pinturas posteriores estarán unidas por la experiencia de Sofía. Las últimas de sus pinturas más importantes, *Juan el Bautista* y *Baco*, en cercana relación las dos, parecen desplegar de una manera un tanto críptica el motivo del vínculo entre el Hijo Divino y la Madre.

Juan el Bautista (Imagen 5) señala hacia arriba exhibiendo una sonrisa mística; al igual que *Baco* (Imagen 4) muestra una expresión enigmática, extrañamente libre y abierta. Incluso Freud, quien, según él mismo dijera, carecía de «sentimiento oceánico» e igualmente de sensibilidad respecto de la religión y el arte profundo, se sintió cautivado por estas imágenes y expresó sus sentimientos en palabras sin parangón en su obra: «Estas pinturas exhalan un aire místico cuyos secretos uno no se atreve a penetrar.»

Y también: «Las figuras son de nuevo andróginas, pero ya no en el sentido de la fantasía del buitre. Son bellos adolescentes de suave morbidez y de formas afeminadas, que, en lugar de bajar los ojos, nos miran con una enigmática expresión de triunfo, como si supieran de una inmensa felicidad cuyo secreto guardan. La conocida sonrisa deja sospechar que se trata de un secreto amoroso. Con estas figuras Leonardo superó, quizá, el fracaso de su vida erótica, representando en la dichosa reunión de los caracteres masculinos y femeninos la realización de los deseos del niño, perturbado por la ternura materna.»[117]

Acerca de la sonrisa de la Mona Lisa ha sido escrito: «Los hombres la llaman misteriosa, puesto que son ajenos al vínculo de la mujer con Dios Padre, vínculo al que alude la sonrisa.»[118]

Este comentario no parece acertado, tal como lo demuestran las sonrisas de los jóvenes divinos, en las cuales lo

---

[117] *Leonardo*, pp. 117-118.
[118] F. du Bois-Reymond, «Über die archetypische Bedingtheit des erstgeborenen Sohnes und seiner Mutter», p. 45.

cristiano y lo pagano se ven trascendidos en un plano superior. Sus sonrisas son, también, el símbolo del «amor secreto» entre ellos y la Gran Madre. Unidos en este secreto, el joven Dios y la Madre Espíritu portan con pleno derecho el mismo sello de misterio en sus labios. ¿Pero qué significa esto en realidad? Porque lo cierto es que nada sabemos acerca de una eventual relación entre Juan el Bautista y una «madre», del mismo modo que en ninguna de las dos pinturas hay el menor atisbo de dicha relación.[119]

La controversia acerca del *Baco* de Leonardo nos conduce hacia las profundidades arquetípicas del *puer eternus*. De acuerdo con una de sus interpretaciones, el *Baco* fue originalmente otro *Juan en el desierto*; y la piel del felino, las hojas de parra y el tirso fueron añadidos con posterioridad, hacia finales del Siglo XVII.[120] Sosteniendo la tesis contraria Marie Herzfeld escribe: «No hay duda de que la composición poética fue siempre concebida como un Baco, tal como lo demuestra este epigrama que, respecto de esta obra, encontró Flavio Antonio Giraldi, un contemporáneo de Leonardo: 'Baco (!) Leonardi Vinci'.»[121]

La manera distendida e indolente con que descansa el hermafrodítico dios en el paisaje campestre, está en armonía con la antigua concepción de Dioniso. En esta pintura del «dios oriental», Leonardo retrató, sin duda de manera inconsciente, una figura central del misterioso mundo matriarcal, cercanamente emparentado con la diosa buitre. Porque Dioniso es el dios misterioso de existencia femenina, hijo de la Sémele frigia, un epifenómeno de la Gran Diosa Madre Tierra del Asia Menor. En Grecia, la diosa se convierte en la terrenal Sémele; pero incluso en el mito de Sémele, que muere a manos de su amante Zeus, es posible discernir la conexión entre la Diosa Virgen y el Espíritu-viento masculino, el Uróboros paternal.[122] Las ninfas y animales que alimentan a Dioniso, así como también sus orgías -las orgías extáticas de la Madre Diosa Cibeles,[123] en las cuales el hombre se

---

[119] La única relación conocida de esta naturaleza la encontramos en el Evangelio de San Juan, cuando Cristo crucificado ensalza la relación madre-hijo entre Juan el Evangelista y la Virgen.

[120] *Toute l'ouvre peint de Leonardo di Vinci.*

[121] Herzfeld, *op. cit.*

[122] Cf. mi *Amor y Psique*, p. 99.

[123] Eurípides, *Las bacantes.*

une a la naturaleza y el dios es desmembrado y comido en la forma de un animal-, son expresión de los vínculos multiformes entre el joven dios y lo femenino.

Incluso en la antigüedad se creía que los misterios dionisíacos, que arribaron a Grecia sólo tardíamente, tuvieron su origen en Egipto, cuyas diosas -en medio de las cuales se encuentra la diosa buitre de Leonardo- son consideradas las representantes más tempranas de la Gran Madre.

¿Pero como es posible que un Baco haya pasado por un Juan el Bautista, o que este Baco, en caso la pintura fuera originalmente un Baco, reflejara a Juan el Bautista como a un hermano gemelo? ¡Qué asombrosa transformación la que llevó a un radical asceta del desierto a convertirse en esta relumbrante figura en cuyo interior habita una poderosa luz interior! ¿Y por qué su aspecto «misteriosamente triunfante» y la enigmática sonrisa de Sofía en sus labios?

Se trata, tal como Freud tenuemente vislumbró, del conocimiento de una unión secreta con la Gran Madre en tanto madre de todo lo vivo; del conocimiento, por parte del Hijo amado de la Gran Diosa, de que goza de bendición eterna en virtud de su vínculo con ella, en virtud de la «sagrada unión de lo masculino y femenino». Se trata del secreto de los misterios matriarcales, el secreto de la inmortalidad del luminoso Hijo divino de la Gran Madre, resucitado tras su muerte.[124] El secreto de todos sus hijos divinos, que traen y obtienen redención, está presente en las misteriosas sonrisas de Santa Ana, de Baco y de Juan el Bautista.

Juan exclamando en el desierto es un símbolo de la promesa formulada en las palabras del misterio: «Es necesario que él crezca, pero que yo mengüe.» Juan y Cristo van juntos; ésa es la razón de que el festival que conmemora la muerte de San Juan, tenga lugar en el solsticio de verano y sea celebrado con ruedas de fuego que corren cuesta abajo, descendiendo las colinas, mientras que el nacimiento de Cristo sea celebrado en el solsticio de invierno, con el arreglo del árbol de Navidad, símbolo de la luz nuevamente en ascenso. En este sentido Juan y Cristo son hermanos gemelos. Son los parientes portadores de la luz, uno de los cuales, en los

---

[124] Cf. mi *La Gran Madre*, p. 309 y ss.

misterios mitraicos, porta una antorcha sagrada que mira hacia abajo mientras que el otro porta una antorcha, igualmente sacra, que mira hacia arriba; ambos, símbolos de la luz que mengua y de la luz que nace, respectivamente, y cuyo signo exterior es el curso anual del sol.

Este simbolismo tiene su origen en la esfera matriarcal, donde la Gran Madre, la Diosa Celestial, la diosa buitre, es también la Virgen de la luz, la Demeter-Kore, que en los misterios eleusinos porta también la antorcha sagrada, la brizna de luz celestial, con la que ilumina a lo masculino, al que le brinda inmortalidad a través del renacimiento.

Para la experiencia mistérica de Juan, Juan y Cristo son uno y el mismo en el exacto sentido de las palabras de San Pablo: «Ya no soy yo quien vive; es Cristo quien vive en mí.»

El movimiento de las manos en *Juan el Bautista* y en *Baco* simboliza la revelación del secreto en los misterios. Juan señala hacia arriba, en dirección al sol que es Cristo y que está levantándose en su interior, cuya luz brilla sobre él desde las alturas, mientras que el resto de su persona está hundida en la oscuridad. Y así como Juan señala a la Cruz, del mismo modo Baco señala al secreto del tirso; mientras que, con su otra mano, al igual que el joven Juan el Bautista en un estudio temprano que hoy se encuentra en la Biblioteca Windsor, señala de manera aparentemente accidental hacia abajo, en dirección a la Tierra. Como es sabido, Baco-Dioniso es también un dios de la vida y de la muerte, y el desmembramiento de Dioniso es un misterio parangonable con la crucifixión de Cristo y con la decapitación de Juan. Tanto en Dioniso como en Juan, el acento está puesto sobre el descenso; y tanto el crecimiento como la disminución están acompañados por la sonriente certeza de la que habla la mirada «misteriosamente triunfante», confiada en el vínculo indisoluble con la Madre regeneradora de los misterios.

En Leonardo, las manos siempre son símbolos esenciales, y no solamente en *La Última Cena*. Es evidente la conexión entre la mano de Juan que señala hacia arriba y el mismo gesto de Santa Ana. (Imagen 3.) Santa Ana no solamente le dirige una sonrisa amorosa a María, quien está por completo enfrascada en su amor por el Cristo Niño; en tanto Sofía, también le aconseja con la mano dirigida hacia arriba: «No lo olvides, tu hijo no es solamente tuyo; él pertenece al cielo, es la luz en ascenso.» Si interpretamos de esta manera el enigmático gesto, entonces la última versión de la pintura, en la cual quizá esté ausente una indicación así de enfática, se vuelve aún más significativa; porque ahora este conocimiento se mezcla con una forma superior de creación, que porta ella misma su propia interpretación.[125]

En su intento por describir el proceso de individuación,[126] Jung menciona las palabras antes citadas de San Pablo y señala que «el centro de la personalidad total no coincide con el Yo, sino con un punto situado a medio camino entre la conciencia y el inconsciente. Un punto que conformaría un nuevo equilibrio, un nuevo centro de la personalidad total, un centro virtual que, en virtud de su posición focal entre la conciencia y el inconsciente, le asegura a la personalidad un nuevo y más sólido fundamento.»

Este proceso encuentra expresión simbólica en el Juan de Leonardo, con su sonrisa que trasciende la vida y la muerte, y con su conocimiento de un Yo menguante y de un Sí-Mismo creciente,[127] un conocimiento en el cual lo pagano y lo cristiano se reúnen en una nueva síntesis. En el Renacimiento, al igual que en la psicología del hombre moderno, el paganismo y la naturaleza, condenada por el medioevo, aparecen a menudo como símbolos de los aspectos «contrarios y opuestos» que requieren integración. La cristianidad de Savonarola y la Inquisición, no pudieron menos que considerar al *Juan el Bautista* de Leonardo como un «diablo extranjero», y es casi un milagro que las pinturas de Leonardo sobrevivieran a la reacción religiosa; pero, para los modernos, ellas

---

[125] La importancia de Juan para Leonardo, quien parece haberse interesado profundamente en esta figura a lo largo de toda su vida, se refleja en un notable y de otro modo ininteligible rasgo en otra pintura: El extraño gesto con que el ángel, en la versión mucho más hermosa de la *Virgen de las Rocas* del Louvre, señala a Juan niño en trance de adoración. Es posible que incluso entonces el simbólico contraste entre Juan y Cristo (representando Juan el aspecto terrenal y humano de la naturaleza humana, y Cristo el aspecto inmortal y divino), fuera significativo para Leonardo. Aquí discernimos nuevamente el problema «homoerótico» de Leonardo, el cual, al igual que el problema de los gemelos arquetípicos, tiene lugar una y otra vez en la mitología; v.g.: la amistad entre Gilgamesh y Engidu, entre Cástor y Pólux, entre otros.

[126] Jung, «Las relaciones entre el Yo y el inconsciente», par. 365.

[127] Acerca de Cristo como símbolo occidental, cf. Jung, *Psicología y alquimia*, «Una aproximación psicológica al dogma de la Trinidad» y *Aión*.

son signos y símbolos numinosos de una nueva era, de una nueva forma de comprenderse el hombre a sí mismo.

Este trascender al bien y al mal, a lo cristiano y lo pagano, a lo masculino y femenino, en Leonardo, no escapó de la mirada profundamente psicológica de Nietzsche: «Quizás Leonardo da Vinci fuera el único artista que tuvo una mirada auténticamente supracristiana. Conoció Oriente, la 'tierra del ocaso', dentro de él y también fuera de él. Hay algo supraeuropeo y silente en Leonardo: un rasgo característico de todo aquel que ha visto un amplio abanico de cosas buenas y malas.»[128]

En efecto, lo que se desprende de las pinturas de Leonardo es que Eros y Logos no están ya más en mutua oposición, sino unidos en una forma de relación superior. Leonardo percibió en el mundo una unidad mística de espontaneidad creativa y ley, significado y necesidad. Para él, el amor y el conocimiento se convirtieron en una y la misma cosa.

Desde esta perspectiva, Leonardo reconoció que la necesidad de la muerte era inherente a la naturaleza, del mismo modo que reconoció la compensación de esa misma naturaleza, que no dejaba «abandonadas» a sus criaturas: «¿Por qué la naturaleza no ordenó que un animal no tuviera que matar a otro para vivir? Siendo inconstante y encontrando placer en multiplicarse continuamente a través de nuevas formas de vida, porque sabe que ellas incrementan su presencia terrenal, la naturaleza es más rápida y versátil en crear que el tiempo en destruir; y por lo tanto ha ordenado que muchos animales sirvan de alimento para otros; y como a menudo esto no es suficiente para complacer sus deseos, ella frecuentemente envía ciertos vapores venenosos y pestilenciales, así como también plagas, sobre los vastos rebaños de animales; y sobre todo también sobre los hombres, cuyo número aumenta vertiginosamente, puesto que no hay animales que se alimentan de ellos... La Tierra, por lo tanto, busca perder la vida que la habita, a la misma vez que desea su continua reproducción.»[129]

---

[128] OO. CC., Vol. 13, pp. 316-317.
[129] MS. B.M., fol. 156º. Véase Herzfeld, p. 133. *Selections*, p. 277.

Y respecto de la necesidad con que ocurren las cosas, escribió: «Mientras que pensaba que estaba aprendiendo a vivir, en realidad estaba aprendiendo a morir.»[130]

Su autorretrato como anciano muestra que Leonardo alcanzó una etapa de desarrollo única en Occidente, la del viejo sabio. Pero el rostro de esta obra no es sólo el de un anciano sabio; adicionalmente, es el rostro de un creador y científico en el cual la amabilidad y la severidad, el tormento y la inquietud de la creación, así como la remota serenidad del conocimiento, están equilibrados. Llama la atención que entre todos los rostros de los «Grandes Individuos», sea el de Leonardo el que más fielmente refleje la imagen que el hombre europeo tiene de Dios Padre.

El viejo sabio y el joven dios son las dos formas arquetípicas mediante las cuales lo masculino se conecta con la Gran Madre en su faceta de Sofía. En relación con el joven dios, el aspecto maternal de la Madre Espíritu es predominante: él es su hijo y su amante. En relación con el viejo sabio, la figura dominante es la joven y filial Virgen-Sofía, que para Leonardo fue Mona Lisa, en quien encontró el Eros de Sofía. Ambos aspectos, que conforman la totalidad de lo espiritual femenino, tuvieron presencia efectiva en la vida de Leonardo hasta el último de sus días; fue en relación a ellos que Leonardo permaneció problemático y ambivalente: joven y viejo sabio la vez.

La fidelidad que Leonardo tuvo toda su vida hacia la figura de la diosa buitre, algo de lo cual presta testimonio cada una de las fases de su existencia creativa, fue la verdadera razón de su soledad, nunca quebrantada por ninguna proximidad humana.[131]

Su amor y su Eros excedieron los límites de lo humano. Ésta fue su grandeza y también su limitación. Su Eros jamás

---

[130] MS. C.A., fol. 252º. Véase Herzfeld, p. cxiii. *Selections*, p. 275.

[131] Que la imagen arquetípica de la diosa buitre, de lo femenino fecundado por el masculino Espíritu-viento, nunca dejara de crecer en él, se ve también reflejado en el hecho de que una de sus últimas obras, preservada como dibujo y copia de un estudiante, mira la imagen de Leda y el cisne. Fecundada por el ave-viento, Leda es la madre del héroe. Ella también despliega su sonrisa, prestando testimonio del vínculo de la mujer con Dios Padre. A sus pies juegan los niños nacidos del huevo, símbolo por antonomasia de la fecundidad de la Gran Madre. Estos niños son Cástor y Pólux, quienes, en la antigüedad, al igual que Juan y Cristo, encarnaban la doble naturaleza, mortal e inmortal, del héroe. Otras versiones muestran junto a ellos a las hijas de ese mismo huevo, Helena y Clitemnestra, representantes matriarcales de los aspectos seductores y asesinos de la Gran Madre, tan peligrosos para lo masculino.

abandonó el vínculo con lo infinito, la diosa madre. Lo que en un comienzo fue un motivo inconsciente, se convirtió en el curso de su vida en una realidad: la realidad de sus obras, de sus investigaciones científicas y, finalmente, en sus años de madurez, en el encuentro humano con Mona Lisa. No es casual que este encuentro fuera con una mujer condenada a morir joven: incluso en sus tratos humanos, Leonardo preservó sus vínculos con lo infinito.

Él escribió estas palabras desbordantes de misantropía: «Mientras uno esté solo, es por completo dueño de su vida; pero, en cuanto alguien lo acompañe, es dueño solamente de la mitad de su vida, o incluso menos, dependiendo de la indiscreción de su conducta. Y si uno tiene más acompañantes el problema no hará sino agravarse. En ese caso decir: 'Seguiré mi propio camino, me retiraré del mundo para así estudiar mejor las formas de los objetos naturales', no serviría de nada, porque te será imposible no prestar tus oídos a su cháchara.»[132]

Pero no estamos ante el excéntrico solitario y melancólico. Vasari escribió de Leonardo: «Al comunicarle el esplendor de su magnificencia, Leonardo confortaba con la suya a toda alma triste, y con su elocuencia era capaz de hacer que los hombres tan pronto como se mostraban de acuerdo, se mostraran en contra del mismo tema.»[133]

Ni odio ni amargura, como en el caso de Miguel Ángel, sino devoción a las fuerzas internas que guiaban su existencia, era lo que habitaba las honduras de su particularidad tan poco común en el Renacimiento. Pero Leonardo era perfectamente capaz de amor y de afecto; prueba de ello, su discípulo Melzi, quien lo acompaño a Francia y permaneció con él hasta el último de sus días: «Para mí fue el mejor de los padres,» escribió, «me es imposible expresar la tristeza que sentí por su muerte; y mientras el recuerdo me una a él, sentiré un perpetuo dolor, y con toda razón, puesto que no hubo día en que no mostrara hacia mí devoción y calidez humana. Es una herida incurable perder a un hombre así, puesto que la naturaleza jamás volverá a crear otro como él.»[134]

---

[132] Del *Traktat von der Malerei*; *Selections*, p. 216-217.
[133] *Lives of the painters*, Vol. III, p. 327.
[134] *Selections*, p. 392.

No obstante todo lo anterior, Leonardo siempre estuvo más cerca del infinito que de lo finito, y de una manera misteriosa e incluso simbólica su vida fue vivida en el mito de la Gran Diosa. Para él, la figura del Padre Espíritu, del gran demiurgo y dios-viento fecundador, siempre fue secundaria respecto de la Gran Diosa, la cual, tras escoger al niño en su cuna, lo colmó de bendiciones extendiendo sobre él sus alas espirituales. Las ansias de Leonardo de retornar a ella, su hogar y manantial, fueron las ansias no solamente de su propia vida, sino también las del mundo entero.

«El anhelo de retornar a la patria [*repatriarsi*] y de volver al estado primordial del caos, es similar a la añoranza de la polilla por la luz y a la esperanza del hombre que, perpetuamente, aguarda la llegada de la nueva primavera y del nuevo verano, y también de los nuevos meses y años, porque considera que aquello que desea obtener tarda mucho en llegar, sin percatarse de que así invoca su propia destrucción. Sin embargo, este anhelo es en sí mismo el espíritu de los elementos, que se hayan tan aprisionados como el alma dentro del cuerpo humano, que asimismo anhela volver a su creador; incluso te diría que ese mismo anhelo es la quintaesencia inherente a la naturaleza, y que el hombre está hecho de esa misma sustancia.»[135]

De esta manera, la estrella de la Gran Madre es la estrella central en el firmamento de Leonardo. Brilló a la hora de su nacimiento y también a la hora de su muerte. La misma diosa que se le apareció al niño, aún inconsciente, en su cuna, se convirtió posteriormente en Santa Ana, la suprema encarnación espiritual y psíquica de lo femenino, que dirigió su mirada sonriente sobre Cristo también niño. En tanto tierra y naturaleza, ella fue el objeto de sus investigaciones; en tanto arte y sabiduría, ella fue la diosa de sus transformaciones. Preservando su equilibrio de una manera sin parangón en Occidente, y sujeto a una notable disciplina, Leonardo fusionó sus múltiples talentos en una unidad superior. No se detuvo en ninguna etapa de desarrollo, sino que pasó a través del mundo como si, desde el primer momento, su ojo interior hubiese percibido la constelación que guiaría su obra y vida, la constelación

---

[135] MS. B.M., fol. 156º; *Selections*, 376.

de la Diosa Madre, protectora de su infancia y hogar de su vejez. La vida de Leonardo fue la ejecución de una de sus máximas: «Aquel que fija el curso de su vida a una estrella, no se extravía.»[136]

---

[136] R. 682. MS. W.L., fol. 198°. Véase Herzfeld p. 141. MacCurdy, Vol. I, p. 99.

CAPÍTULO 2

EL ARTE Y SU ÉPOCA

Capítulo 2

El arte y su época

El arte y su relación con el tiempo es un tema amplísimo; estoy seguro de que no esperan una investigación exhaustiva en una sola exposición. Aquí no nos ocuparemos del fenómeno del tiempo en el sentido de qué lugar ocupa dentro de la experiencia del hombre o en sus obras de arte actuales; en otras palabras, no nos ocuparemos de la relación del Yo con la corriente viviente del tiempo, con la eternidad o el momento, con los laberintos circulares del tiempo ni con el reposo en el tiempo. Nuestra discusión tratará principalmente acerca de la relación entre el arte y su *época*; la segunda parte de la exposición versará sobre la relación específica del arte moderno con nuestra propia época.

Sin embargo, tampoco hablaré como un artista ni como un crítico de arte; tampoco hablaré de los fenómenos artísticos con los cuales entro en contacto como psicólogo, ni de las producciones más o menos artísticas que surgen en el curso de una terapia analítica. Nuestro presente trabajo se enmarca dentro de la psicología de la cultura, y busca una comprensión del arte en tanto fenómeno psicológico de importancia central para la colectividad y el individuo.

Comenzaremos con la función creativa del inconsciente, que produce sus formas de manera espontánea, de modo análogo a la Naturaleza; la cual —desde el átomo hasta el cristal pasando por la vida orgánica, así como por las estrellas y los planetas- crea también espontáneamente formas susceptibles de impresionar al hombre por su hermosura. Debido a que este trasfondo y sustrato del mundo psicofísico está siempre trayendo a la luz nuevas formas, es que lo llamamos creativo. Y al factor inconmensurable de la Naturaleza, que engendra las formas conocidas del mundo externo, le corresponde otro factor asimismo inconmensurable, el inconsciente colectivo, fuente de toda creación psíquica: religión y rito, organización social, conciencia y, finalmente, arte.

Los arquetipos del inconsciente colectivo son estructuras psíquicas informes que, no obstante, adquieren forma y se vuelven visibles en el arte. Los arquetipos se ven afectados por el medio a través del cual se expresan; esto es, su forma varía según el tiempo, el lugar y la constelación psicológica del individuo en quien se manifiestan. De este modo, por ejemplo, el arquetipo de la madre, en tanto entidad dinámica del sustrato psíquico, siempre conserva su identidad, pero asume diferentes *estilos* –diferentes aspectos o tonalidades emocionales- dependiendo de si se manifestó en Egipto, México o España, o si lo hizo en tiempos antiguos, medievales o modernos. La paradójica multiplicidad de su presencia eterna, que hace posible una infinita variedad de sus formas de expresión, se materializa en las realizaciones que el hombre lleva a cabo en el tiempo y, más concretamente, en su época; esto es, su eternidad arquetípica entra en una síntesis única con una específica situación histórica.

Hoy no investigaremos el desarrollo de arquetipos específicos en *una* cultura, ni rastrearemos las diferentes formas que un mismo arquetipo puede asumir en diversas culturas. Cualquiera que necesite convencerse de la realidad de este asombroso fenómeno, sólo necesita consultar el Archivo Eranos[1], un esfuerzo pionero en esta dirección.

Tampoco investigaremos el aspecto estético, la historia de los estilos, que se ocupa de las formas que asumen los arquetipos en los diferentes periodos; aunque sería de enorme interés mostrar, por ejemplo, cómo la concepción estática de la eternidad y el tiempo modeló el mundo arquetípico egipcio, mientras que en América Central el mismo mundo arquetípico está casi sumergido en una jungla de ornamentos porque allí el aspecto devorador de la Madre Terrible fue el dominante. Nuestro esfuerzo comenzará y terminará con la pregunta: ¿qué significa el arte para la humanidad y qué posición ocupa en el desarrollo humano?

---

[1] [En el Warburg Institute, Londres. Existe un duplicado en el Archive for Research in Arquetypal Symbolism, Nueva York. - Nota del editor del original.]

Al inicio del desarrollo de la conciencia humana prevalece la situación psíquica original: los factores inconscientes, colectivos y transpersonales son más significativos y evidentes que los factores conscientes e individuales. En esta etapa el arte es un fenómeno colectivo que no puede ser aislado del contexto de la existencia colectiva, puesto que está integrado en la vida grupal. Cada individuo es un artista, danzarín, cantante, poeta, pintor y escultor; todo lo que hace y su manera de hacerlo, incluso allí donde esté involucrada una reconocida posesión individual, permanece como una expresión de la efectiva situación del grupo.

Aunque desde el principio lo colectivo recibe su impulso primario de los «Grandes Individuos», incluso ellos mismos, de acuerdo con la dialéctica de su relación con el grupo, nunca se atribuyen el crédito de lo que han hecho, sino que se lo imputan a la inspiración de sus predecesores, al tótem o a cualquier aspecto que el espíritu colectivo haya insuflado en ellos de manera individual.

No sólo *es* lo creativo una situación numinosa; es también experimentada como tal, puesto que fue la experiencia de lo transpersonal lo que conformó todo lo que existe. Las festividades y ritos son los puntos nodales de lo numinoso, que da forma a todo lo que entra en contacto con su ámbito sacro: implementos y máscaras del culto, figura e imagen, recipiente y ornamento, música y danza, mito y poesía. La integración original de todo ello en la vida y en el contexto numinoso como totalidad, se muestra en el hecho de que ciertos «estilos» son propios de Oceanía o africanos, de la India o nórdicos, y que se manifiestan en el parentesco existente entre el ornamentado marco de la puerta y el recipiente ritual, entre el tema del tatuaje y la máscara, entre el fetiche y la lanza.

Esta unidad es un síntoma de la inmersión del individuo en el contexto grupal que lo trasciende; sin embargo, cuando decimos que el grupo está dirigido inconscientemente por la psique colectiva, no queremos decir que esté dirigido por sus urgencias ni instintos. En verdad, la conciencia del individuo es casi ciega ante las fuerzas subyacentes: su reacción al impulso creativo de la psique no es reflexionar, sino obedecer y ejecutar sus órdenes. Pero las corrientes del sustrato psíquico, que determinan los sentimientos del hombre y su imagen del mundo, se manifiestan a través de colores y formas, de tonos y palabras, que cristalizan en figuras espirituales simbólicas que expresan la relación del hombre tanto con el mundo arquetípico como con el mundo en el que vive.

De esta manera, desde un inicio el hombre es un creador de símbolos; construye su característico mundo espiritual-psíquico a partir de los símbolos en los que habla del mundo circundante y en los que piensa acerca de ese mismo mundo, pero también a partir de las formas e imágenes en las que experimenta lo numinoso.

En la situación original, la emoción del hombre ante la presencia de lo numinoso conduce a su expresión, ya que el inconsciente, como parte de su función creativa, lleva dentro de sí su propia expresión. Pero los estímulos emocionales que mueven al individuo y al grupo del que forma parte, no deben concebirse como una dinámica sin contenido. Puesto que todo símbolo, al igual que todo arquetipo, posee un contenido específico; y cuando la totalidad del hombre es capturada por el inconsciente colectivo, eso significa que también es capturada su conciencia. En consecuencia, encontramos que la función creativa de la psique se ve acompañada desde el comienzo por una reacción de la conciencia; la cual busca, al inicio en mínimo grado pero luego de manera abierta, comprender, asimilar e interpretar aquello que la abrumó al inicio. Así, en una etapa muy temprana se da una relativa fijación de la expresión y el estilo, a partir de los cuales surge con claridad una tradición.

En nuestra época, con su conciencia desarrollada o hiperdesarrollada, el sentimiento y la emoción parecen ligados a la naturaleza artística, puesto que en ningún caso se trata de una conciencia infradesarrollada. En el caso de las culturas primitivas y tempranas, la fuerza creativa de lo numinoso le brinda soporte a la conciencia e incluso la engendra: proporciona diferenciación y orden en un mundo indeterminado e impulsado por poderes caóticos, y al hombre le permite orientarse.

En la esfera creativa de la psique, a la que llamamos el inconsciente, se han efectuado importantes diferenciaciones en la dirección que será característica de las subsecuentes elaboraciones que realice la conciencia. La sola aparición de una imagen psíquica representa una interpretación sintética del mundo, y lo mismo se cumple en el caso de una creación artística en el periodo en que dicha imagen se originó. La creación artística detenta poder mágico; es experiencia y percepción, *insight* y diferenciación a la misma vez.

Que la imagen sea naturalista o no, es secundario; incluso las extremadamente naturalistas pinturas de animales de la Edad de Hielo son, en este sentido, símbolos. Para una concepción primitiva o mágica del mundo, cada uno de estos animales pintados es numinoso; son la encarnación y esencia de la especie animal. El bisonte individual, por ejemplo, es un símbolo espiritual-psíquico; es, en cierto modo, «el padre del bisonte», la idea de bisonte, el «bisonte como tal», y es por ello que constituye un objeto de ritual. La subyugación y muerte, el cortejo y el apareamiento de los animales, que son representados en la esfera psíquica que media entre el grupo humano y la imagen que representa simbólicamente al grupo animal, poseen un significado transformador de la realidad –esto es, mágico-; porque esta imagen simbólica abarca el centro y corazón numinoso del animal que vive en el mundo, cuya figuración simbólica constituye una auténtica manifestación de lo numinoso animal.

En el periodo original, las formas de expresión y los contenidos arquetipales dominantes de una cultura permanecen inconscientes; pero con el desarrollo y sistematización de la conciencia, así como con el reforzamiento el Yo individual, surge una consciencia[2] colectiva, un canon cultural característico para cada cultura y época cultural. Surge, en otras palabras, una clara configuración de arquetipos, símbolos, valores y actitudes, sobre los cuales se proyectan los contenidos arquetipales inconscientes, que, fijados como mito o culto, se convierten en la herencia dogmática del grupo. Los poderes desconocidos e inconscientes ya no determinan la vida del grupo; en su lugar, contenidos y figuras transpersonales, conocidos por el grupo, dirigen la vida de la comunidad así como la conducta consciente del individuo en la festividad y el culto, en la religión y las costumbres.

---

[2] A lo largo del libro, y siguiendo al propio Neumann, emplearemos «consciencia» para referirnos a «consciencia colectiva» o canon cultural, y «conciencia» para referirnos a «conciencia individual", al órgano de orientación en la realidad externa y externa. [N. del E. en español.]

Esto no significa que el hombre sospeche la existencia de una conexión entre su mundo transpersonal y las profundidades de su propia psique humana, a pesar de que lo transpersonal sólo pueda expresarse por medio del hombre y que tome forma en él a través de procesos creativos.

Pero incluso cuando se desarrolla el canon cultural, el arte en todas sus manifestaciones permanece al comienzo integrado con la totalidad de la vida del grupo; y cuando el canon cultural es observado en las festividades religiosas, todas las actividades creativas están articuladas dentro de este evento integral. Como expresiones de la realidad arquetipal, el arte y la música, la danza y la poesía del culto, son posesiones intrínsecas de lo colectivo.

Ya sea que la epifanía de lo numinoso ocurra en un dibujo grabado en hueso, en una piedra esculpida, en el edificio de una catedral medieval, o en una máscara, elaborada para *sólo un* festival y luego quemada, en cada caso todos los elementos constituyen una unidad indivisible, esto es, la epifanía de lo numinoso, el trance de aquellos que le dan forma, y el éxtasis del grupo que celebra la epifanía.

Pero la fractura de esta situación original a lo largo del curso de la historia, se revela también en el arte, a través del fenómeno del individuo creador. Porque con el aumento de la individualidad y la relativa independencia de la conciencia, se desintegra aquella situación original en la que el elemento creativo del arte era uno con la vida del grupo. Ocurre entonces una diferenciación extensiva; poetas, pintores, escultores, músicos, bailarines, actores, arquitectos, etcétera, se convierten en grupos profesionales y practican funciones particulares en la respectiva expresión artística. La mayoría del grupo, tal parece, conserva sólo una relación receptiva, si acaso, con el logro creativo del artista.

Pero tampoco el individuo está tan aislado de lo colectivo – tanto como el arte y el artista están separados entre sí- como a primera vista podría parecer. Hemos aprendido a ver la conciencia del individuo como la voz más alta en la polifonía, pero su voz más baja, el inconsciente colectivo, no sólo acompaña sino que determina el tema. Y esta reorientación no está limitada a la estructura psíquica del individuo; también se necesita una nueva aproximación a las relaciones entre los hombres.

Vemos el grupo como un campo psíquico integral, en el cual la realidad del individuo está inmersa, de tal modo que el individuo resulta ser el órgano e instrumento de lo colectivo. Mas el individuo no está inmerso en este campo psíquico sólo a través de su conciencia o de su educación a cargo del colectivo. Las estructuras del organismo humano, pese a su separación, se regulan unas a otras de una manera altamente compleja; y aquellas estructuras necesarias para la totalidad de la personalidad individual, se animan durante el sueño y compensan la unilateralidad de la vida consciente. De manera similar, existe entre los miembros del grupo un mecanismo compensatorio –muy aparte de las directrices de la conciencia individual y de las autoridades culturales- que tiende a mantener reunida la vida del grupo.

En el grupo, al igual que en el individuo, hay dos sistemas psíquicos en funcionamiento, que pueden operar en perfecta sincronía siempre y cuando estén mutuamente coordinados. Uno es la consciencia colectiva, el canon cultural, el sistema de valores supremos de la cultura, hacia el cual la educación está orientada y que estampa su sello decisivo en el desarrollo de la conciencia individual. Y a su lado se encuentra el sustrato viviente, el inconsciente colectivo, en el cual nuevos desarrollos, transformaciones, revoluciones y renovaciones están en todo momento preparándose y anunciándose, y cuyas perpetuas erupciones preservan a la cultura del estancamiento y la muerte. Pero incluso viendo al grupo como un campo psíquico integral, encontramos que los hombres en quienes residen las fuerzas compensatorias inconscientes, necesarias para el canon cultural y para la cultura de una época en particular, son también elementos esenciales de esta constelación. Sin embargo, sólo el historiador - igualmente limitado por su ecuación personal y por los lazos que mantiene con su época- está en capacidad de evaluar la auténtica significación histórica de un grupo, de un movimiento o de un individuo. Y es que no hay necesariamente una relación entre la verdadera importancia del hombre y aquello que su propia época le imputa, esto es, lo que le atribuyen los representantes de su propio canon cultural. Con el paso del tiempo, algunos «líderes» y «genios» quedan expuestos como fraudes, mientras que otros desconocidos, perseguidos por la ley o ninguneados, resultan haber sido los verdaderos vehículos de la realidad.

No es el Yo ni la conciencia, sino el inconsciente colectivo y el Sí-Mismo las fuerzas determinantes; el desarrollo del hombre y de su conciencia depende de la espontaneidad y del orden interno del inconsciente, y eso continúa ocurriendo incluso después de que la conciencia y el inconsciente hayan entrado en mutua y fructífera relación dialéctica.

Hay un constante intercambio entre el inconsciente colectivo (que está vivo en el inconsciente de cada miembro del grupo), el canon cultural (que representa a la consciencia colectiva del grupo: valores arquetipales que se han convertido en dogma) y los individuos creativos del grupo (en quienes las nuevas expresiones del inconsciente colectivo cobran forma).[3]

Nuestro intento de distinguir diferentes formas de relación entre el arte y los artistas y su época, se basa en la unidad del campo psíquico del grupo; en el cual, consciente o inconscientemente, voluntaria o involuntariamente, todo individuo particular, al igual que todos los ámbitos de la cultura, encuentran su lugar.[4] Esta unidad –al igual que la de la psique individual- está compuesta de consciencia colectiva y de inconsciente colectivo.

La primera etapa de la relación del arte con su época, tal como hemos sugerido, es la representación autónoma que de sí mismo hace el inconsciente en la expresión simbólica de lo numinoso, característica fundamental de la situación original y de las culturas tempranas. La autorepresentación del inconsciente en el arte siempre presupone un mayor o menor grado de unidad, consciente o no, en la personalidad del hombre creativo; lo que presupone, a su vez, que el hombre creativo se encuentre

---

[3] Aquí no tomaremos en cuenta el hecho de que algunas constelaciones pueden aparecer tanto en los Grandes Individuos como en los casos fronterizos de neurosis y demencia.

[4] La evaluación psicológica del individuo dentro del grupo como totalidad, presenta una analogía con su posición sociológica. Pero las dos evaluaciones, tal como hemos señalado, pueden divergir notoriamente. Desde que es necesario mirar con profundidad estas relaciones compensatorias para estimar la importancia que tiene el individuo para la comunidad, debemos, al juzgar al individuo, utilizar la noción de «adaptación social» de manera más cautelosa que en el caso previo, donde –como resulta comprensible- la adaptación a los valores del canon cultural era considerada como el único criterio a tener en cuenta. El dilema que esta circunstancia le crea a la psicología profunda en su relación con lo colectivo no puede ser discutido aquí.

contenido en su grupo. Más aún, el producto de esta fase se caracteriza también por la unidad; se trata de un arte integrado con el grupo, como formando un todo.

Ya es diferente en el caso de la representación del canon cultural, segunda etapa en la relación entre el arte y su época. Aquí es secundario si es un ancestro, un dios o un Buda quien aparece en el canon cultural, y también si lo que figura como parte del mito del salvador sea el despertar de Osiris, una crucifixión o arrancarle el corazón a un dios.

Dichas formas canónicas están, por supuesto, también enraizadas en los arquetipos; esto es, incluso en su forma representativa el arte es una expresión simbólica del inconsciente colectivo y, aunque esencialmente se trata de una representación de símbolos cercanos a la conciencia, posee una decisiva función terapéutica para la vida del grupo. Que el símbolo sea conscientemente representado, no significa necesariamente que su expresión sea por completo fruto de la conciencia, ni que el símbolo se haya disuelto a través de la asimilación consciente.

Ciertamente, la representación del arquetipo en un canon cultural está más cerca de la conciencia que de la pura autorepresentación del inconsciente; el poder numinoso se vuelve menos desconocido. Sin embargo, habida cuenta de que todo símbolo también expresa un componente esencialmente ignoto de la psique, su acción inconsciente continúa durante un largo tiempo, incluso cuando es interpretado y comprendido como parte del canon cultural.

De este modo, los arquetipos del canon son los puntos numinosos a través de los cuales el inconsciente colectivo, en todas las culturas, se hace presente en la realidad viviente del grupo.[5] Ya sea que se trate de un templo o de una estatua de la divinidad, de una máscara o de un fetiche, de un ritual o de música sacra, la función del arte sigue siendo representar al arquetipo y manifestarlo simbólicamente como un punto superior de existencia.

Esta representación artística del canon cultural equivale a la excavación de un pozo profundo y al reforzamiento de sus paredes,

---

[5] Cf. mi *Los orígenes e historia de la conciencia.*

alrededor del cual el grupo se reúne y de cuyas aguas vive. Todo pozo de esta naturaleza está adornado con símbolos tradicionales en los que vive la consciencia religiosa de la época.

Pero el canon cultural no es sólo un lazo con el sustrato arquetipal de lo inconsciente. En tanto «canon» también significa establecer un límite a la intervención de lo numinoso y fijar sus manifestaciones, así como excluir sus impredecibles fuerzas creativas. El canon es siempre una fortaleza que ofrece seguridad, y desde que constituye una sistematización restrictiva de una sección dogmática de lo numinoso, conlleva el peligro de la unilateralidad y del congelamiento; ya que el mundo arquetipal es un mundo dinámico de cambios permanentes, pero lo numinoso y lo divino, en cuanto a su expresión, son mortales en las formas contingentes susceptibles de ser aprehendidas por el hombre.

Lo arquetipal es, en sí mismo, carente de imagen y de nombre; y la forma que asume lo informe en cualquier época es, al igual que la imagen que surge en su vehículo de manifestación cual es el hombre, transitoria. Y de la misma manera en que el canon cultural arquetipal debe surgir y cobrar forma, también su representación es transitoria y debe sufrir cambios y transformaciones.

Para el artista cuya vocación es representar el canon cultural, se trata de una cuestión de desarrollarse dentro de una tradición -vale decir, dentro de la situación de su época y dentro de la consciencia colectiva-, más que de recibir un mandato directo de los poderes del inconsciente. Por supuesto, una imagen del canon puede también estar llena de experiencia interior, pero su realidad arquetipal ya no puede abarcar la totalidad de la personalidad artística. Un arte que esté orientado hacia aquellos sectores del mundo arquetipal que hayan ingresado a la conciencia, nunca alcanzará las supremas posibilidades del arte.

Sin embargo, el proceso creativo no consiste necesariamente en una destrucción desde el exterior del canon cultural; éste también puede operar subterráneamente, desde el interior del canon. Por consiguiente, el objeto que aparece en una obra de arte no podrá decirnos si lo que tenemos ante nosotros es una representación del canon cultural o una evolución o revolución del mismo. Si, dentro del canon cristiano que ha dominado Occidente por cerca de dos mil años, comparamos una Virgen gótica, renacentista o moderna, comprobaremos con facilidad la transformación revolucionaria que ha sufrido esta figura arquetipal. Y comprobaremos, asimismo, que un Cristo-Pantocrator y el *Cristo en la Cruz* de Grünewald encuentran sus fuentes en mundos humanos y divinos distintos. Uno podría decir que no guardan relación entre sí.

La siguiente etapa en la relación entre el arte y su época, es la etapa de compensación del canon cultural, cuyo significado ha sido señalado innumerables veces por el profesor Jung.[6] Esta etapa está enraizada en la vitalidad del inconsciente colectivo, que, en el campo psíquico integral del grupo, se encuentra en relación de oposición a la consciencia colectiva. Esta etapa presupone la existencia de una oposición declarada de la conciencia frente al inconsciente, característica del mundo moderno. En ella retrocedemos hasta la inmediata presencia de lo numinoso creativo. El gran arte de este tipo casi necesariamente implica tragedia. La compensación del canon cultural significa oposición; es decir, oposición a la consciencia de la época y al sentido de sus valores. El artista creativo, cuya misión es compensar la conciencia y el canon cultural, es usualmente un individuo aislado, un héroe que debe destruir lo viejo para hacer posible la aparición de lo nuevo.

Cuando las fuerzas inconscientes emergen en el artista, cuando los arquetipos que pugnan por salir a la luz del mundo toman forma en él, dicho artista se encuentra tan alejado de los hombres que lo rodean como cerca se encuentra de su destino. Puesto que él expresa y da forma al futuro de su época.

Por ejemplo, el realismo que surgió en la pintura renacentista y que por siglos dominó nuestro arte, posee un significado que trasciende todas las consideraciones artísticas tales como la movilidad de los personajes, perspectiva, plasticidad, color, etcétera. El arte renacentista no abandonó, según podría parecer, el simbolismo medieval con el fin de reproducir el mundo exterior objetivo; lo que en realidad sucedió –y se trata de un fenómeno decisivo para la época- fue la reaparición del arquetipo de la tierra, en oposición al arquetipo celestial que había dominado el

---

[6] Especialmente en sus artículos sobre Picasso y la novela *Ulises*.

medioevo. En otras palabras, su naturalismo es la expresión simbólica de una revolución ocurrida en la estructura arquetipal del inconsciente.

El comienzo de la ciencia natural y de la sociología, el descubrimiento del individuo y de la antigüedad clásica, el cisma cristiano, la revolución social, etcétera, forman todos parte de la transformación integral del campo psíquico, que se manifestó por igual en el inconsciente de todos los hombres, particularmente en el hombre creativo. De este modo, la pintura flamenca no es una mera representación de un fragmento de la realidad externa; se trata de una glorificación de este mundo en oposición al otro mundo, un descubrimiento de la santidad, de la belleza y de la vitalidad del mundo material, una alabanza a la vida en este mundo y al hombre terrenal, en oposición a una alabanza a los cielos, que hasta entonces habían sido considerados el mundo «real».

Y mientras que la relación del hombre con este trascendente mundo «real» había conducido a una vida que soportaba el peso del pecado original, y que estaba marcada por la sensación de culpa y de eterna insuficiencia, ahora el hombre empezaba a sentir que era hijo de la tierra, que su hogar era la tierra.

Este intenso conflicto gobernó la obra de Bosch, uno de los más grandes pintores en anunciar la llegada de una nueva era.[7] Bosch se apegó de manera consciente al canon medieval, pero de su propia mano surgió un mundo transformado. Se volvió demoníaco y gnóstico, todo eran tentaciones, y, en la desesperada paranoia de su consciencia medieval y ascética, experimentó el renacimiento a su alrededor del arquetipo de la tierra, que brillaba demoníacamente en cada color. Por ello Satán, paradójicamente, siempre estuvo presente —bajo la forma de un búho- y desde un inicio en el centro de su creación, en su tierra transformada en un «paraíso terrenal». Y todos los colores y formas de su paraíso terrenal, ostensiblemente maldito, brillan seductoramente en medio de una abundancia de símbolos rituales clásicos y arquetipales; con tanta belleza, que, aunque él mismo no lo supiera, la maldición, al

---

[7] Véase Wilhelm Fränger, *The millenium of Hieronymus Bosch: Outlines of a new interpretation*. He evitado intencionalmente las interpretaciones de Fränger, desde que es imposible juzgar en el momento presente hasta qué punto son válidas.

igual que la de Balaam, inesperadamente se convirtió en una bendición.

En este intento de representar la tierra infestada de demonios por medio de los terrenales colores de su incomparable paleta, la tierra obtuvo un triunfo magnífico sobre su concepción medieval. En consecuencia, por ejemplo, su *Cristo cargando la Cruz* (ilustración VI) y la Verónica de esa misma pintura, no muestran nada medieval sino que, por el contrario, señalan uno de los problemas más modernos de las generaciones futuras: el Gran Individuo con su alma, solo en medio de la masa humana.

La actividad de este arquetipo terrenal en ascenso, que habría de convertirse en el componente central del nuevo canon cultural, se prolongó hasta la Revolución Francesa, el materialismo filosófico y hasta el tardío dogma de la asunción de la Virgen. Sólo hoy este proceso ha comenzado a ser inteligible; pero, concurrentemente, este arquetipo ha empezado a su turno a experimentar una transformación: la proyección ha sido disuelta y el contenido reintegrado en la psique. Tal como escribió uno de los más grandes poetas de nuestro tiempo:

> **Tierra, ¿no es esto lo que quieres: invisible resurgir en nosotros? ¿No es tu sueño ser alguna vez invisible? ¡Tierra! ¡Invisible! ¿Cuál, si no la transformación, es tu orden urgente? ¡Tierra, tú, amada, yo quiero!**[8]

La necesidad de la época opera al interior del artista sin que él lo desee, sin que lo sepa o sin que comprenda su verdadero significado. En este sentido, se encuentra cerca del vidente, del profeta, del místico. Y es precisamente cuando no representa el canon existente, sino cuando lo transforma y altera, que su función alcanza el nivel de lo sacro, puesto que entonces le da expresión a la auténtica y directa revelación de lo numinoso.

El avance de la especialización y de la diferenciación ha destruido la cercanía entre el individuo y el sustrato psíquico,

---

[8] R. M. Rilke, *Elegías de Duino*, IX, p. 87.

característica de la situación original. Desde que la cultura es en parte una protección contra lo numinoso, los representantes del canon cultural han perdido contacto con el fuego primario de la experiencia interna directa. Tampoco es esta experiencia interna su función, puesto que representan los aspectos racionales y conscientes del mundo arquetipal, el intento de salvaguardar y asegurar el caparazón cultural y artificial de la vida. En consecuencia, la lucha contra lo numinoso ha recaído en manos del individuo, y el escenario donde se da esta lucha es el arte, en el cual la relación del individuo creativo con lo numinoso cobra forma.

Al seguir el estímulo del sustrato psíquico, el artista no sólo se satisface a sí mismo, sino también a su época. En la situación original, el artista, o cualquier otra persona que diera forma a un objeto de culto, debía purificarse con el fin de alcanzar la exaltación y el éxtasis propios de un estado transpersonal, mediante el cual se convertía en el instrumento creativo de los poderes. En la situación original, esta preparación ritual era llevada a cabo según lo estipulado por el canon colectivo. En el caso del artista moderno, esto sucede de manera involuntaria; solitario en medio de la sociedad, se enfrenta a solas al impulso creativo que hay en él.

Sabemos que el poder creativo del inconsciente captura al individuo con la fuerza autónoma de un impulso instintivo, y que toma posesión de él sin la menor consideración hacia el individuo, hacia su vida personal, su felicidad o su salud. El impulso creativo surge de lo inconsciente colectivo; y, al igual que cualquier instinto, está al servicio de la voluntad de la especie y no del individuo. De este modo, el hombre creativo es un instrumento de lo transpersonal, pero en tanto individuo entra en conflicto con lo numinoso que toma posesión de él.

El fenómeno creativo va desde las etapas inferiores, inconscientes, del frenesí extático y el sonambulismo, hasta la más elevada de aceptación consciente, en la cual el artista asume plena responsabilidad y en la que su conciencia, encargada de conformar e interpretar, desempeña un rol fundamental.

Un conflicto similar domina la relación entre el artista y la consciencia colectiva y su época. Si es llevado a compensar su canon cultural, ello implica que ha sido capturado por lo numinoso, pero que ha sobrevivido, y que lo ha trascendido en él mismo. Sólo sufriendo, quizá inconscientemente, el peso de la pobreza de su cultura y época, puede alcanzar esa refrescante fuente inaugural que está destinada a calmar la sed de su tiempo. En otras palabras, el hombre creativo (aunque esto a menudo no sea evidente) está íntimamente vinculado con su grupo y su cultura, más profundamente aún que el hombre común que vive en la seguridad del caparazón cultural, e incluso mas todavía que los actuales representantes de su cultura.

Y debido a la predominancia de lo transpersonal en el sustrato psíquico de los hombres creativos, el campo psíquico de éstos es integral. Puesto que, si bien los hombres creativos usualmente viven sin conocerse unos a otros, sin ejercerse influencia mutua, una fuerza común parece impulsar a estos hombres a compensar el canon cultural en determinado momento o a darle forma a uno nuevo. Todos son movidos en la misma dirección, aunque sigan un impulso desconocido más que un camino señalado con antelación. Este fenómeno se denomina sencillamente *Zeitgeist*, y ningún otro intento de explicación se ha realizado al respecto.

Con el paso del tiempo podremos analizar y establecer todo tipo de cadenas causales para explicar el *Zeitgeist*, pero confrontadas con los hechos estas explicaciones sólo resultan parcialmente convincentes. La que quizá sea la menos presuntuosa de ellas, sostiene que la fuerza que aparece de súbito y a la misma vez en filosofía y literatura, pintura y música, ciencia y política, y en innumerables individuos creativos —vale decir, la fuerza que estampa su impronta en el espíritu de una época, de *toda* época- es transpersonal e inconsciente. Aquí, una vez más, no deseamos subestimar el rol de la conciencia que responde a los problemas conscientes, pero debemos asignar gran importancia y crucial significado a las directrices del inconsciente colectivo.

En todas estas etapas de la relación entre el arte y su época —a saber: autorepresentación del inconsciente, representación del canon cultural, y compensación del canon cultural-, el factor decisivo sigue siendo el campo psíquico dentro del cual el individuo está contenido. A pesar de todos los cambios ocurridos en el curso del desarrollo humano, la relación del individuo con lo colectivo se mantiene como su destino.

Pero, en el curso de la historia humana, el artista experimenta una progresiva y constante individualización hasta perder su anonimato original. En la medida en que el Yo y la conciencia se desarrollan, la fisonomía del artista individual se libera del anonimato del estilo general. Esta individualización del hombre creativo es el comienzo de su individuación; esto es, el inicio de la última forma de relación entre el arte y su época.

Designaremos a esta última fase como la trascendencia del arte. Ésta descansa, según creemos, en el desarrollo individual del artista, lo que lo convierte en el Gran Individuo; quien, precisamente, trasciende su ligazón con lo colectivo tanto de manera interior como exterior. Su función ya no es más la de expresar la voluntad del inconsciente o representar un sector del mundo arquetipal, ni la de regenerar o compensar la cultura existente con respecto a las profundidades del inconsciente colectivo.

Lo que es fundamentalmente nuevo y diferente en esta etapa, es que aquí el artista conquista la atemporalidad. Y a pesar de nuestra renuencia a utilizar estos términos, esta etapa de la creación artística no puede describirse sin palabras como «eternidad», «intuición de la esencia» (*Wesensschau*), o «experiencia metafísica».

Aunque toda representación creativa es la representación de algo eterno, y aunque los arquetipos son el auténtico contenido del arte, la cualidad eterna de una obra de arte no puede aprehenderse a primera vista. Precisamente porque el arte está dedicado en tan gran medida a la representación del canon cultural, su comprensión requiere conocimiento histórico, orientado hacia los supuestos del canon cultural al cual la obra pertenece. Aquí tal vez estén en desacuerdo, pero los insto a considerar cómo en la actualidad damos por sentado la grandeza del arte asiático o del arte primitivo, y luego a recordar los juicios de Goethe acerca de los horribles ídolos de la India y asimismo la opinión que la generación anterior tenía sobre los primitivos. Sólo en nuestro tiempo ha sido posible experimentar y apreciar un «arte mundial».

Hemos de considerar igualmente que casi todos los grandes artistas de nuestra propia cultura, desde Rembrandt hasta Bach, desde los escultores del Gótico hasta El Greco, tuvieron que ser redescubiertos. Aquí, también, somos los herederos de una tradición que nos enseñó a ver, oír y experimentar otra vez. Dondequiera que surja un nuevo conocimiento acerca del hombre, será descubierto un arte asimismo nuevo, y lo eterno en el arte del pasado será descubierto como novedad.

En este sentido, sólo una conciencia incrementada puede experimentar lo atemporal en el arte, ya que, ¿qué figura de Cristo puede comprenderse sin un cristianismo; qué Buda sin un budismo; qué Shiva sin la concepción hindú de los ciclos cósmicos?

¿Es, entonces, la etapa del arte trascendente una ilusión? ¿Es que sólo podemos conocer la relación de la obra de arte con nosotros y con su propio tiempo? ¿Acaso lo único que podemos decir de un artista es que, si no consideramos la eternidad del arquetipo que él se encargó de representar, no se adelantó un ápice a su propio tiempo?

Quizá pueda explicar mejor lo que quiero decir con «trascendente» si me valgo de las obras de arte de los grandes maestros de la antigüedad.

Estamos acostumbrados —y ésta, también, es una adquisición del último siglo en Occidente, con su énfasis en el individuo- a interesarnos en las biografías de los artistas. Nos aproximamos a sus vidas como si éstas fueran las vidas mitológicas de los héroes prehistóricos, con la diferencia de que estos Grandes Individuos están más cerca de nosotros y nos sentimos más afectados por sus sufrimientos y victorias; de modo que, muy por encima de lo que nosotros podríamos estar, parecerían ofrecernos una muestra de la dignidad de nuestra propia existencia individual.

No es por ociosa curiosidad que seguimos los pormenores de sus vidas. Nos sirven como modelos, en el sentido de que sus obras y vidas conforman la unidad que llamamos individuación, por la cual debemos luchar en la escala más pequeña que nos ha tocado ocupar.

Cada uno de estos artistas parecería haber atravesado todas las etapas que hemos intentado describir. Este artista comienza respondiendo al impulso creativo que hay en su interior, el cual pugna, al igual que en la etapa de la expresión autónoma del inconsciente, por encontrar alguna forma de manifestación. Luego, con la madurez, ese mismo artista crece con las contingencias de su época y, a través del estudio, se convierte en el heredero e hijo de su tradición cultural.

Pero ya sea que el artista crezca lentamente y apartado de la tradición de su tiempo, o ya sea que pase sobre ella de un salto y traiga consigo el nuevo elemento que a su época le hace falta, si no se detiene, en última instancia, en la etapa de la representación del canon cultural –detención en la que ningún verdadero artista ha incurrido- se encontrará en soledad. Se encuentra solo, así sea adorado como un Olímpico, así sea un organista respetado en su pequeño círculo, o así termine sus días sordo, en la pobreza o loco.

La lucha que sostienen estos grandes hombres contra los poderes internos y contra los tiempos externos, parece resultar en una declaración que trasciende la realidad artística y simbólica de sus vidas creativas. En música, pintura, escultura y poesía, ellos penetran hasta la trascendencia arquetipal que constituye la vida interna del mundo. Lo que nos habla desde un autorretrato del viejo Rembrandt, desde el final del *Fausto*, Parte II, desde las últimas obras de Shakespeare o desde las postreras obras de Tiziano, desde *El Arte de la Fuga* o desde los últimos cuartetos de Beethoven, es una extraña configuración, una irrupción en el núcleo de la esencia. Y esta transfiguración es independiente de contenido, forma, tema o estilo, aunque la trascendencia de la forma parecería ser uno de sus elementos.

En estas obras se pone de manifiesto un mundo numinoso, en el que la polaridad exterior e interior –naturaleza y arte- parece haberse resuelto. Su secreta alquimia alcanza una síntesis de lo numinoso en el corazón de la naturaleza y la psique.

Estos viejos maestros parecen haber alcanzado la imagen y semejanza de una fuerza creativa primordial, anterior y externa al mundo; la cual, aunque separada desde el comienzo en la polaridad de naturaleza y psique, es en esencia una totalidad indivisible.

En la soledad creativa de los Grandes Ancianos, las limitaciones de la época se ven superadas; ellos han escapado de la prisión del tiempo y de la conciencia ligada al Yo. Comenzamos a ver que la suprema transformación alquímica del arte, es un mero reflejo de la transformación alquímica de la personalidad del Gran Individuo. Desde el principio, ya sea que fuera arrastrado por los poderes o que les hubiera presentado resistencia, ha permanecido distinto a ellos. Pero ahora, en la medida en que su Yo está integrado en el Sí-Mismo creativo, que desde el inicio fue la fuerza directriz de su existencia, el centro de gravedad cambia. La tensión original entre su Yo, el sustrato numinoso y el mundo externo queda anulada, y, en la más elevada forma de arte trascendente, es reemplazada por un acto creativo que es espíritu-naturaleza y naturaleza transfigurada.

Por esta razón no es posible caracterizar el estilo de estas obras de edad avanzada, puesto que la integración creativa de la personalidad trasciende la contingencia propia de toda forma ligada al tiempo.

Este arte ya no está más relacionado consciente o inconscientemente con ninguna época histórica; el monólogo solitario de estas obras «extremas» habla, por así decirlo, en el vacío. Y uno no puede afirmar si se trata de un monólogo o de un diálogo entre el hombre y lo trascendente. De aquí la alienación de estos grandes hombres respecto de sus contemporáneos, quienes, al igual que el viejo Lao Tsé, dejaron atrás el paso de la montaña que conducía al mundo.

Si llamamos religioso a este arte trascendente, es porque la fe de Bach y la infinidad ateísta de un paisaje chino parecerían ser dos formas emparentadas de trascendencia, y porque consideramos estas obras, así como muchas otras de diferente tipo, como el supremo acto religioso del cual la humanidad creativa es capaz.

Y aquí nuevamente debemos declarar que el sentimiento de afinidad universal se ha vuelto posible sólo en nuestra época, ostensiblemente irreligiosa; una época que, tal como escuchamos a menudo, está ocupada en su propia destrucción. Allí donde el arte tradicional aprehende lo esencial del arquetipo, lo hace ajustando el arquetipo al marco fijo orientado hacia el mundo humano, incluso cuando este arquetipo consista en la muerte del Salvador, la meditación de Buda o la emanación de lo divino. Como objeto de adoración, por ejemplo, y como representación de lo transpersonal, esto siempre significa un descenso de lo eterno a la realidad de un mundo seguro de su fe.

Pero en las raras ocasiones en que el fenómeno de lo trascendente ocurre, lo transpersonal parece -incluso habiendo pasado por su medio de manifestación humano- haber alcanzado su propia objetividad, por decirlo de algún modo, consigo mismo. En esos casos ya no está orientado hacia el mundo o hacia el hombre, hacia el Yo o hacia lo colectivo, hacia la seguridad o la inseguridad; en su lugar, el acto creativo, que misteriosamente da origen a la forma y a la vida, tanto en la Naturaleza como en la psique humana, parece percibirse a sí mismo y brillar con su propia incandescencia. El impulso creativo parece haberse liberado. Unido al plano de la creación artística, el Sí-Mismo que el hombre experimenta en su interior y el creativo Sí-Mismo-del-mundo que se manifiesta en el exterior, alcanzan la transparencia de la realidad simbólica.

Por supuesto, es imposible declarar objetivamente que cualquiera puede alcanzar esta trascendencia en ciertas obras de arte específicas. Sin embargo, es suficiente señalar que ese nivel existe y que es posible experimentarlo en ciertas obras de arte. Uno podrá encontrarlo en un paisaje de Leonardo, otro lo encontrará en un poema de Goethe. Pero, en cualquier caso, podemos afirmar que esta experiencia puede obtenerse solamente a través de unas pocas grandes obras de arte, y únicamente por aquellos que - poseyendo la suficiente apertura- estén preparados para ello. Porque incluso cuando la más alta forma de realidad artística ha alcanzado existencia objetiva en una obra, dicha realidad debe renacer en la experiencia humana subjetiva.

Y nos parece que una de las principales funciones de todo arte es, precisamente, poner en movimiento la realidad arquetipal de lo transpersonal en el interior del individuo, así como también en el más alto nivel de experiencia artística, para llevar al individuo hacia la trascendencia —esto es, para elevarlo por sobre su tiempo y época, e incluso por sobre la limitada eternidad encarnada en cualquier limitada forma arquetipal- y conducirlo así a la radiante dinámica atemporal que yace en el corazón del mundo.

En este sentido, el gran arte es un medio de aprendizaje para llegar a ver de la manera que describe el Rabí Nachman de Bratislava: «Al igual que una mano sostenida frente a los ojos puede ocultar la montaña más grande, de la misma manera la insignificante vida terrenal puede ocultar de la vista las vastas luces y misterios de los que está lleno el mundo; y aquel que pueda retirarla de sus ojos, como quien retira la mano, podrá contemplar la gran luz del mundo más recóndito.»[9]

---

[9] Martin Buber, *Die chassidischen Bücher*, p. 32.

II

Es difícil, si no imposible, analizar el arte de nuestra propia época, porque aún vivimos por completo dentro del campo psíquico del cual ese arte forma parte. Me disculparán por tanto si retomo ciertos temas que ya hemos discutido previamente.

En la Figura 2 tenemos el diagrama de una cultura «balanceada», el cual muestra una colectividad y una época integradas en el canon cultural. El semicírculo es el arco que soporta los valores supremos de su tiempo, los símbolos, imágenes, ideales que constituyen el medio transpersonal en el cual la existencia psicoespiritual está enraizada. Un arquetipo del inconsciente colectivo está asociado con cada uno de estos valores supremos. Y podemos decir que la profundidad y la fuerza de un arquetipo, que es percibido a través de su proyección sobre un valor supremo del canon cultural, es proporcional a su elevación y posición en el arco celestial.

Para la colectividad, el mundo del canon cultural es tan transpersonal como el mundo del inconsciente colectivo. El vínculo entre el semicírculo superior y el inferior, así como el vínculo entre estos dos y la psique del grupo y la del individuo, es inconsciente.

La unidad de la vida en esta esfera relativamente contenida en sí misma, es segura y ordenada en la medida en que lo superior esté en correspondencia con lo inferior; puesto que, en una cultura balanceada, las fuerzas del inconsciente alimentan a la colectividad y a lo individual integrados en el grupo. En parte, estas fuerzas fluyen hacia la personalidad a través de la conciencia, que se encuentra en comunicación directa con las constelaciones del canon cultural presentes en la religión, el arte, la moda, la ciencia y la vida cotidiana; en parte, el inconsciente es puesto en movimiento por los arquetipos encarnados en el canon cultural.

El diagrama de la Figura 3 representa la desintegración del canon, característica de nuestra época y del siglo o dos que la preceden. El equilibrio en la tensión del campo psíquico se ha perdido. En mi figura, los arquetipos que conforman el canon parecen desvanecerse. Los símbolos correspondientes se desintegran y el arco colapsa porque el orden subyacente se ha quebrado. Al igual que un nido de termitas o una colmena de abejas se hunden en el caos y en el pánico tan pronto como el poder central que encarna la reina es destruido, aquí también el caos y el pánico surgen cuando el orden canónico sucumbe.

Este caos, y la atmósfera concomitante de catástrofe, de ninguna manera se aplacan por la aproximación de otros arquetipos, que podrían haberse acomodado dentro del colapso del viejo canon cultural. Al igual que en la antigüedad y el medioevo, hoy los hombres sienten temor cuando ven estrellas fugaces, cuando los cometas atraviesan los cielos y cuando terroríficos cambios en el firmamento, así como otras señales, anuncian el fin de una época, que para la generación en cuestión representa el fin del mundo entero.

Porque al igual que, arquetípicamente, cada Año Nuevo –o, tal como en el México azteca, cada comienzo de la última semana del año[10]- es un tiempo peligroso de juicio y catástrofe, de modo similar el comienzo de toda nueva época cultural se vincula con lo que caracteriza el final de una era. Sólo en raros intervalos, cuando aparecen nubes en el negro firmamento del canon que se desmorona, unos pocos individuos disciernen una nueva constelación que ya pertenece al nuevo canon de valores transpersonales y que anuncia así su configuración.

No es necesario profundizar mucho en la tendencia de la cultura occidental registrada en los últimos siglos, particularmente en el último. Esta obra de crítica cultural ha sido efectuada por grandes pensadores, especialmente por Marx, Kierkegaard, Nietzsche y Freud. La seguridad en sí misma y la autosuficiencia de esa época; su hipocresía; su certeza de encarnar todo lo que era bueno, verdadero, noble y hermoso; su indiferencia ante la miseria del vecino; la arrogancia misionera e imperialista de ese tiempo, que sin embargo representó los logros cumbre de la humanidad; su victorianismo, con prostitución y cancán francés de trasfondo;

---

[10] Cf. Neumann, *La gran madre*, y Vaillant, *The aztecs of Mexico*.

todo ello fue una expresión de un vacío interior de valores que alguna vez tuvieron significado, que la humanidad había levantado al precio de incontables esfuerzos.

Desde entonces, todos estos elementos decorativos se han descompuesto; hoy la desintegración de nuestro canon cultural es evidente, y son los síntomas de esta desintegración general lo que caracteriza a nuestra época y a su expresión a través del arte. Me parece que, en su conjunto, esta desintegración es similar a lo que ocurre en un individuo cuando por alguna razón su canon individual, su mundo consciente de valores, colapsa.

La desaparición de la certeza y de la seguridad alguna vez conferidas por el canon cultural, se manifiesta básicamente en la sensación de aislamiento, de melancolía, de desarraigo y alienación, la cual se ha incrementado notablemente en el curso de los últimos cien años. Es probable que nunca antes en la historia de la pintura o de la literatura haya habido tantos individuos aislados. Los conceptos de escuela, tradición y unidad de estilo parecen haberse esfumado. A la distancia, por supuesto, es posible descubrir ciertos parentescos; aunque cada individuo parece haber sentido la necesidad de comenzar desde el principio.

Tomemos en consideración, sólo por mencionar unos pocos pintores de los últimos sesenta años, casos como Cézanne, Van Gogh, Gauguin, Rousseau, Munch, Klee, Matisse, Chagall o Picasso; nunca ha habido nada similar en la historia. Cada uno de ellos es un mundo en sí mismo; cada uno de ellos intentó conjurar a solas el caos que lo amenazaba, así como darle forma, cada cual con su particular y característica desesperación. No es accidental que en la actualidad escuchemos tanto acerca del vacío y de la melancolía del individuo. Y la profunda ansiedad, la sensación de inseguridad, desarraigo y disolución del mundo propios de estos pintores, también es compartida por algunos compositores y poetas modernos.

En verdad, tal como hoy todavía vemos una psicología preanalítica, también hoy aún existe un arte que pertenece a los buenos viejos tiempos. Pero la falsa inocencia de este pseudoarte, que procura iluminar la vida con la luz de las estrellas que se apagaron hace mucho, no es menos inquietante que el arte moderno que pertenece a nuestro tiempo. Las siguientes palabras del *I Ching* pueden aplicarse a esta belleza de los buenos viejos tiempos: «Pero [el noble] no osa decidir de este modo los asuntos conflictuales [esto es, según la belleza de la forma].» [11] Y, de hecho, hoy nos enfrentamos a grandes preguntas controversiales.

De este modo, en nuestra época, como nunca antes, la verdad implica el coraje de enfrentar el caos. En su *Dr. Fausto*, Thomas Mann dice del *Apocalipsis* de Leverkühn, esa expresión acerca de la moderna desesperación: «Toda la obra está dominada por la paradoja (si es que es una paradoja) de que la disonancia representa la expresión de todo lo que es elevado, solemne, piadoso, perteneciente al espíritu; mientras que la consonancia y la firme tonalidad están reservadas para lo infernal, en este contexto, un mundo de tópicos y banalidades.» [12]

Cuando se desmorona el mundo de la seguridad, el hombre es inevitablemente devorado por la *nigredo*, la oscuridad y el caos de la *prima materia*, y las dos grandes figuras arquetipales del Diablo y la Madre Terrible dominan el mundo. El Diablo es sombra, maldad, depresión, oscuridad de la luz, áspera disonancia. En otro lugar he discutido con mayor profundidad la incursión en Occidente del aspecto oscuro y, para displacer de quienes gustan ver al mundo a través de una lupa color rosa, he intentado esbozar sus consecuencias éticas.[13]

Consideren la gran línea que comienza con el *Fausto* de Goethe y la literatura romántica que introduce el doble malvado o *doppelgänger*: el *Moby Dick* de Melville, Poe, Baudelaire, Trakl, Heym, Kubin, Kafka, y sus herederos en las modernas películas de crimen y ficción. Consideren cómo las oscuras profecías de miseria, enfermedad, crimen y locura se han cumplido, cómo las negras hordas de la humanidad más oscura han sacudido al mundo. El infierno y la *nigredo* andan sueltos y, al igual que en las pinturas de Bosch, pueblan nuestra realidad. Aquellos a quienes esta negrura casi ha cegado, no creen que la Naturaleza sea buena, el hombre noble, el progreso natural, o la divinidad un buen Dios.

---

[11] *I Ching, o Libro de las mutaciones*, Hexagrama 22: *Pi* (La Gracia). También cf. Wilhelm, *Der Mensch und das Sein.*
[12] Tr. H. T. Lowe-Porter.
[13] Mi *Psicología profunda y nueva Ética.*

Este oscurecimiento trae consigo disonancia; lo «hermoso» es abandonado a cambio de la auténtica, así llamada, fealdad. Y la disonancia, característica del mundo contemporáneo, no sólo ha depositado su *contenido* oscuro y negativo en nuestras conciencias, sino que de manera concurrente ha acarreado la desintegración general de la forma. Detrás del arquetipo de Satán y de la negrura que lo rodea, bajo cuyo impacto el mundo en desmoronamiento del viejo canon cultural ha colapsado, se levanta la devoradora Gran Madre Terrible, ensordeciendo, desgarrando e inundando con locura a los hombres. Y en todo el arte moderno lo que vemos es esta disolución en el resquebrajamiento y descomposición de la forma.

Parecería que la libido se hubiera retirado de ese mundo externo, que alguna vez estuvo perfecta y sólidamente modelado, y que hubiera refluido hacia el interior. En la pintura, el mundo, antaño visto como real, se ha transformado en un mundo de apariencias e ilusiones. Este proceso comenzó con los impresionistas, que abandonaron la «ilusoria profundidad» de la perspectiva, de la superficie óptica, del color objetivo y de la unidad exterior. De modo similar, en la literatura las leyes de la composición se han quebrantado. La línea que va desde Goethe a Dostoievski a Proust y Joyce, no es una línea degenerativa, sino que señala la progresiva disolución consciente del estilo, de la personalidad humana y de la obra unificada.

En las novelas de Dostoievski, por ejemplo, ya no existe una individualidad plástica, sino un movimiento psíquico que hace añicos toda forma, incluso la del individuo; lo que él deja ver no es a un individuo en particular, sino a los poderes numinosos del mundo interno.

Incluso entre los más grandes retratistas de personajes, tales como Balzac y Tolstoi, encontramos una análoga disolución de la plástica del individuo. Un proceso colectivo, el grupo o la época, sustituye al individuo en tanto «héroe» real. Esto no significa que el individuo ya no sea caracterizado como individuo, ni que ya no se ponga énfasis en la forma literaria. Pero el personaje principal es una entidad colectiva, que es vista no sólo en términos sociológicos, sino en términos mucho más universales: guerra, dinero, matrimonio, etcétera. La novela ha dejado de ser puramente personal y ahora la habitan poderes transpersonales. Y donde aparece la novela familiar como tal, su énfasis está puesto en el cambio generacional, en el paso del tiempo, y en las épocas y sus declives.

Unidad de tiempo, lugar y acción; unidad del personaje, plasticidad del individuo, el *Bildungsroman*; cuán inofensivos y anticuados se ven todos ellos en una época donde el caos amenaza con tragarnos y en la cual toda obra de arte seria debe, directa o indirectamente, lidiar con este problema. Puesto que incluso donde el problema se formule de manera diferente, incluso donde asuma una coloración filosófica o sociológica, teológica o psicológica, si lo consideramos en su conjunto, percibimos una inmensa ansiedad y de hecho la clara conciencia de un gran peligro. Y esto era verdad desde mucho antes de la llegada de nuestra época con sus guerras y bombas atómicas.[14] El caos fue discernible primero desde dentro; este peligro amenazó desde dentro; y quizá más aún que cualquier arte previo, el arte moderno está orientado hacia el interior.

Si hemos abandonado la unitaria cuasi-realidad exterior, ha sido en respuesta a la arrolladora fuerza procedente de nuestro interior; la aniquilación de todo lo que se tomó por bueno, ha traído consigo la devastación de todo lo que se entendía como real. Significativamente, en Joyce esta fuerza proveniente del interior se manifestó en el lenguaje como la erupción de una corriente, como creación involuntaria.

Es en este punto que el psicoanálisis y la psicología profunda, que son fenómenos análogos de otra parte de nuestro campo psíquico, invadieron al arte en su conjunto; y no se limitaron a la literatura, sino que su desarrollo fructificó en todos los ámbitos. El método de la asociación libre es un método para descubrir los contenidos del inconsciente y sus movimientos, y también es un destructor de la forma y de la sistematización

---

[14] Es altamente cuestionable que derivemos todas estas manifestaciones del desmoronamiento de nuestra estructura social. Podemos igualmente demostrar lo contrario, que la desintegración del canon cultural, originándose en el inconsciente, conduce al colapso de la estructura social. Mucho más significativo que cualquier énfasis excesivo y tipológicamente determinado que haya que poner sobre la causalidad interna o externa, en mi opinión, es darnos cuenta de que se trata de un campo psíquico integral que abarca dos mundos cuyos cambios ocurren en simultáneo. Las profecías acerca del futuro de nuestra cultura, como las de Heine y Nietzsche, muestran que la enfermedad de nuestros tiempos puede diagnosticarse tanto desde dentro como desde fuera.

consciente, bajo cuya luz aparecen como fraude y fachada, como un producto imaginario del «mundo exterior» sin verdad interna.

En realidad, esta incursión de lo irracional en el arte fue una expresión legítima del momento, mucho antes de que los surrealistas hicieran de ello un dogma. La rendición del control consciente es sólo una consecuencia de la desintegración del canon cultural y de los valores según los cuales la conciencia antaño se orientó. Y si los surrealistas hicieron de los sueños, de la enfermedad y de la locura el contenido central del arte, y si intentaron que sus escritos y pinturas fluyeran directamente del inconsciente, todo ello no fue sino una caricatura de lo que sufrieron las grandes personalidades creativas, todas marcadas por el signo de Orfeo, quien fuera despedazado por las ménades. Y, en consecuencia, el arte que expresa nuestro tiempo parece consistir sólo en fragmentos, no en obras completas. Para el enjambre de «pequeños» artistas, la ausencia de un canon impuesto por la situación se ha transformado en un canon *per se*, y esto es lo que ha dado pie a todos nuestros conocidos «-ismos» .

Aquí nuevamente los Grandes Hombres difieren de los pequeños. Los grandes artistas hacen uso consciente de la situación, al disolver la configurada realidad exterior en una corriente de sentimiento y acción que, aunque proveniente del interior, es sin embargo dirigida; lo mismo se aplica a Klee o Chagall, a Joyce o Thomas Mann. Los artistas menores hacen un programa de este principio; se entretienen a sí mismos y al mundo con la expresión literaria y científica de su propia incontinencia, con la exhibición de sus complejos privados. Por ejemplo, Dalí.

Los pintores modernos de los últimos sesenta años han sido capturados por un poder que amenaza con destruirlos. Estos pintores no son maestros en el sentido clásico del término, sino víctimas, incluso cuando dominan esta situación. Debido a que la forma del mundo exterior se ha resquebrajado, casi ha dejado de existir toda técnica identificable y susceptible de ser enseñada. Estos artistas sufren la violencia demoníaca de los poderes interiores. Ya sea que, al igual que Munch, fueran conducidos a la soledad y a la enfermedad, o como Van Gogh a la locura, o como Gauguin a las lejanas islas del primitivismo, o como Picasso al amorfo mundo de las transformaciones internas, lo cierto es que la desesperación y la tensión bajo las cuales trabajaron, contrastan nítidamente con la tranquilidad de los pintores anteriores, quienes se sentían representantes de una tradición.

Encontramos en Kubin y en el Klee de los inicios grotescas distorsiones, la ansiedad y angustia que trae consigo la inundación del inconsciente; lo encontramos en Odilon Redon y Ensor, en Lautrec y Munch. Una cualidad siniestra, un temor por la catástrofe del mundo, son evidentes no sólo en las líneas fracturadas de las pinturas de Picasso y Braque, sino también en las esculturas más modernas, con sus desorganizados fragmentos de cuerpos desmembrados.

El mundo onírico de de Chirico y el mundo espiritual de Barlach están interrelacionados, al igual que también lo están con Rimbaud y Rilke, con *La Montaña Mágica* a pesar de su configuración completamente diferente, y con *El lobo estepario*, de Hesse. Por encima de ellos planea la ansiedad, la incursión del *die andere Seite* (el otro lado), que Kubin intuitivamente anticipó.

Al igual que nuestro mundo actual está devorado por la Madre Terrible, despedazado en los rituales sangrientos que son nuestras guerras, del mismo modo la irracionalidad demoníaca, mágica y elemental nos invade. La corriente de la libido fluye hacia dentro, desde el canon en desmoronamiento hacia el inconsciente, donde activa sus imágenes latentes de pasado y futuro.

Ésta es la razón por la cual el arte de los pueblos primitivos, de los niños y de los dementes, despierta tanto interés en la actualidad: todo está mezclado y casi inarticulado. Es casi imposible tomar esta etapa del mundo con fe, porque aún estamos en un estado informe de desintegración creativa: protoplasma, confusa descomposición y nuevo nacimiento, donde todo es amorfo, atonal, discordante, primitivo.

La negrura, la *nigredo*, significa el colapso de las distinciones y las formas, de todo aquello que es conocido y definitivo. Cuando la libido psíquica del individuo refluye a la oscuridad, éste recae en la *prima materia*, en un caos en el que el estado psíquico original, de *participation mystique*, se reactiva. Y en el arte moderno encontramos el mismo fenómeno. La disolución del mundo exterior, de la forma y del individuo, conduce a la deshumanización del arte.

La energía vital abandona la forma humana, que hasta entonces fue su máxima encarnación, y despierta formas extrahumanas y prehumanas. La figura humana que, en un sentido psicológico, corresponde a la personalidad centrada en el Yo y en el sistema consciente, es reemplazada por la vitalidad anónima del inconsciente en permanente flujo, de la fuerza creativa existente en la naturaleza y la psique.

Este proceso queda en evidencia en los paisajes de los impresionistas. La transformación comienza con el mundo exterior, que se convierte en psíquico y progresivamente pierde su carácter objetivo. En lugar de pintar un segmento del mundo exterior, el artista pinta por el gusto de pintar, ocupándose solamente de la modalidad inherente a la imagen, al color y a la forma; el símbolo psíquico ha reemplazado al objeto. Sin embargo el símbolo psíquico, a través de la *participation mystique*, ofrece mayores y más eficientes cercanía, contacto e intimidad con el segmento del mundo con el cual se relaciona, que lo que ofrece una pintura naturalista y objetiva, dictada por la conciencia y «hecha» con imparcialidad.

Encontramos en las pinturas modernas una rara mezcla, una unidad de mundo y psique; en ella, los fragmentos de paisajes, cubos, círculos, partes humanas, componentes orgánicos e inorgánicos, curvas, jirones de sueños, recuerdos, objetos no concretizados y símbolos concretados parecen flotar en un *continuum* extraño. Nos recuerda al mito que dice que, antes de la creación del mundo y sus figuras familiares, los fragmentos de brazos, cabezas, ojos, torsos, etcétera que adquirieron el ser, no estaban interconectados, lo que sólo sucedió en un nacimiento posterior.

Ya sea que Picasso representara este mundo de los orígenes o que se opusiera, con sus esfuerzos cubistas, al caos que a aquél le es propio; o ya sea que Chagall planeara líricamente sobre este mundo, en armonía con la viva corriente de color; o que Klee, con el conocimiento de un iniciado, cincelara el secreto contrapunto de su orden interno; la fuerza principal en todos los casos es la *participation mystique*, la corriente interna que sigue sus propias leyes, independientemente de la ilusión de la realidad externa.

Todo esto se encuentra sin concretar; y si corchos y galletitas, trozos de papel u otros artículos forman parte del objeto, esta cuasi-concreción sólo hace más evidente la cualidad espectral del conjunto. La dinámica sustituye a la composición, la energía del color y la forma reemplaza a la ilusión de la realidad externa, lo amorfo reemplaza a lo convencional y establecido, y la desintegración y el abismo destierran a la comodidad y a la «naturaleza muerta» .

Esta ausencia de concreción también se expresa mediante la tendencia bidimensional de la pintura, que renuncia a la corporalidad del mundo y del cuerpo a cambio de una dinámica de la forma y el color; una tendencia, por cierto, que encuentra su analogía en la ciencia, tanto en la física como en la psicología.

Lo humano se torna demoníaco, las cosas se tornan humanas; un rostro se disuelve en colores y formas, una gota de pintura nos mira con ojo humano. Todo cambia y da vuelcos, ora en vacua banalidad, ora en un abismo de sufrimiento cósmico, ora en una mística transfiguración del color. Junten todo esto y mézclenlo con lo ininteligible: ¿acaso no es así como se ve la vida? Pero incluso si reconociéramos que este arte moderno es la auténtica expresión de nuestra época, surgiría la pregunta: ¿Sigue siendo arte en el mismo sentido que todo el arte previo? Y aunque los primeros que llamaron a este arte, «arte degenerado», fueron ellos mismos unos degenerados, ¿no se ha extraviado, efectivamente, nuestro arte?

¡Pero vayamos con cuidado! Estamos hablando de nosotros mismos. Si este arte es degenerado, nosotros también lo estamos, puesto que innumerables individuos están sufriendo el mismo colapso del canon cultural, la misma alienación, la misma soledad: la creciente negrura con su sombra y su dragón devorador. La desintegración y disonancia de este arte son las nuestras; comprenderlo es comprendernos.

Si la necesidad de expresión halla su fuente en la intensidad de la experiencia, ¿qué otra cosa puede hacer el hombre moderno, cuyo mundo está amenazado por el caos, que no sea darle forma creativa a este caos? Sólo cuando se supera el caos puede emerger lo que se esconde detrás de él, y la semilla del fruto del caos es quizá más preciosa que la semilla de cualquier otra fruta. Hoy, ningún arte, religión o ética que no haya confrontado este caos, puede brindar esperanza para el futuro.

La necesidad de una nueva ética no es un capricho filosófico, ni siquiera el producto de una desafortunada predisposición; se trata de una profunda preocupación de nuestra época.[15] En este punto, los hombres de hoy y los hombres de ayer deben separarse. Cualquiera cuyos oídos no le quemen, cuyos ojos no se nublen ante los campos de concentración, los crematorios, las explosiones atómicas que componen nuestra realidad –con la compañía de la disonancia de nuestra música, de los trazos quebrados y bruscos de nuestra pintura, del lamento del Dr. Fausto-, tiene la libertad de arrastrarse bajo el refugio de la seguridad de los viejos métodos y pudrirse. El resto de nosotros debe probar nuevamente los frutos del árbol del conocimiento, que nos redimirá del paraíso en el que se cree que el hombre y el mundo viven perfectamente bien. Es verdad que corremos el riesgo de estrellarnos contra eso. Pero no hay otra vía. Debemos conocer la maldad, la negrura, la desintegración que clama por nosotros desde el arte de nuestro tiempo, cuyas presencias éste desesperadamente afirma.

Tan paradójicamente como pudiera sonar si lo formuláramos en términos teológicos, parecería que en la actualidad debemos redimir una porción de Satán. No es poco significativo que yo nunca haya conocido un hombre para quien la idea del infierno, en tanto perdición eterna y condenación absoluta, no fuera completamente inconcebible. La concepción del infierno ha dejado de ser extraña e inhumana, puesto que nos hallamos demasiado cerca de un infierno que se encuentra tanto dentro como fuera de nosotros; todos nosotros estamos consciente o inconscientemente dominados por la ley numinosa de la transformación, que nos conduce al infierno, e incluso a través de él y más allá de él.

Nuevamente debo citar unas palabras del *Dr. Fausto*, esta vez de Frau Schweigestill, con las cuales finaliza la tragedia: «A menudo hablaba de la gracia eterna, pobre hombre, y no sé si será

---

[15] Cf. mi *Psicología profunda y nueva Ética.*

suficiente. Pero un corazón comprensivo, créeme, es suficiente para todo.»

Comprendamos estas palabras adecuadamente. No son orgullosas ni arrogantes; por el contrario, son desesperadamente modestas. Realmente no podemos saber si la gracia es suficiente, precisamente porque somos como somos y porque hemos empezado a vernos como somos. Pero en un tiempo de crisis arrolladora, la cuestionable naturaleza de la gracia o, más bien, saber que no somos merecedores de la gracia, nos impulsa a comprender y amar la humanidad, la falible humanidad que nosotros mismos representamos. Detrás de esta crisis abismal, parecería ser discernible el arquetipo del Eterno Femenino como tierra y como Sophia; no es casualidad que sea Frau Schweigestill, la madre, quien diga estas palabras. Es decir, es precisamente en el caos, en el infierno, que lo Nuevo hace su aparición. ¿Acaso Kwanyin no descendió a los infiernos en lugar de pasar el tiempo rodeado de la serena música de los cielos?

El arte moderno, entonces, no se preocupa por la belleza, mucho menos por el placer estético. Las pinturas modernas no son piezas de museo. Desde que básicamente no son producto de la dirección de la conciencia, sólo pueden ser efectivas y fructíferas cuando el observador se encuentra en la adecuada situación psíquica; esto es, no centrado en su conciencia yoica, sino orientado hacia su propio inconsciente, o al menos abierto a su influjo.

Existe en el arte moderno una corriente psíquica que desciende como cascada al abismo de lo inconsciente, a un mundo impersonal, no objetivo. Con el animismo que el mundo interno y la *participation mystique* traen a la vida, muchas de estas obras de arte están cargadas con una fuerza demoníaca que, de súbito, en cualquier momento y lugar, lanzándose de un salto, puede abrumar, aterrorizar y golpear al observador con la fuerza de un rayo, puesto que el arte moderno vive en un mundo situado entre el caos y el arquetipo; el arte moderno está colmado de fuerzas plasmáticas, a partir de las cuales dicho arquetipo puede constelarse de manera repentina.

Algunas veces los poderes aparecen, tal como sucede en el mundo espectral y demoníaco de Kubin, en las máscaras de Ensor y, en menor grado, en Dalí. En verdad, la mayoría de artistas modernos menosprecian las representaciones realistas y objetivas de las fuerzas demoníacas, y es un hecho que hay innumerables medios alternativos para expresar dichos poderes. Éstos abarcan desde las representaciones de Barlach de un mundo dominado por fuerzas invisibles, pasando por las abstracciones plásticas de Henry Moore, hasta el grotesco demonismo abstracto de Picasso.

Distorsión, resquebrajamiento, sinuosidad y horror grotesco conforman un aspecto arquetipal de lo demoníaco. Si el arte moderno está caracterizado por la desintegración de la realidad externa y por la activación del mundo psíquico transpersonal, es comprensible que el artista sienta una compulsión a representar los poderes de su propio ámbito –el cual es, por supuesto, un ámbito psíquico-, y no como aparecen, disimulados, en la Naturaleza. E incluso en el arte de los primitivos, la abstracción es una forma correspondiente al mundo de los espíritus y los muertos.

Al igual que un imán ordena las pequeñas piezas metálicas desparramadas sobre el papel, del mismo modo los arquetipos ordenan nuestro campo psíquico; un proceso similar tiene lugar en la pintura moderna. Entre los pueblos primitivos los poderes se hallan proyectados sobre formas y símbolos extraños, y el arte moderno ha regresado a esta etapa primordial de exorcismo.

En la cultura occidental el artista empezó primero a representar el mundo que estaba implícito en la idea de lo bello; intentó concretar su visión transfigurada, y posteriormente, con la aparición del arquetipo de la tierra, el ideal de la belleza pareció impregnarse en la vida misma. El desarrollo moderno, sin embargo, ha roto en pedazos todas esas ontológicas concepciones estáticas. Los poderes se han vuelto visibles como pura dinámica y ya no están encarnados en el hombre y los objetos.

Aquel que haya percibido lo numinoso que destruye todo canon, que disuelve todo sistema fijo, y que reduce toda forma a la relatividad, tiende a ver a la divinidad como un poder disruptivo, como un señor de la destrucción que danza como Shiva sobre un mundo en colapso. Y es fácil interpretar erróneamente en este sentido a nuestro mundo y a su arte: como aniquilación; ya que todos nosotros aún estamos acostumbrados a creer en imágenes fijas, en ideas y valores absolutos, a ver al arquetipo sólo como una presencia eterna y no como una dinámica carente de forma, a olvidar el mandamiento central de la divinidad, que es: «No adorarás imágenes.»

Pero es un completo error de nuestra época y de nuestro arte considerar la relación con el caos como puramente negativa. Puesto que todos estos artistas tienen algo en común: todos ellos han experimentado la verdad creativa de que el espíritu sopla donde quiere. E incluso donde parezcan estar jugando y dejando las cosas al azar, no es sólo porque el Yo perplejo haya renunciado a toda esperanza de conocimiento, sino porque creen profundamente en que, en y detrás del azar, la verdad está operando. La renuncia consciente a la forma es, a menudo, interpretada equívocamente como incapacidad para dar forma, como incompetencia. En realidad, el colapso de la conciencia, que lleva al artista de regreso a ser abrazado por una completa *participation* con el mundo, contiene asimismo los elementos constructivos y creativos de una nueva visión del mundo.

La deflación del hombre conduce a sentir al mundo y a la vida mucho más allá del vínculo común que une a todos los hombres con la tierra. No es casualidad que el elemento humano casi no aparezca en el centro de los modernos mandalas, y que por el contrario sea frecuente que lo hagan una flor, una estrella, una fuente, una luz, un ojo o el vacío mismo. El centro de gravedad se ha desplazado desde la conciencia hasta la matriz creativa donde algo nuevo está en preparación.

Este desplazamiento quizá resulte más evidente en las pinturas de Chagall, que reflejan con mayor claridad la fuerza sintética de la realidad emocional del alma. El poder luminoso de los colores interiores, el movimiento hacia dentro guiado por una corriente de símbolos, producen pinturas que constituyen una auténtica metáfora de la vida interna de la psique. Y detrás de todo caos, aunque profundamente vinculado a éste, surge un nuevo tipo de belleza psíquica, de movimiento psíquico y de unidad irracional, cuyo florecimiento y crecimiento –por otro lado, sólo presente en Klee, y de forma distinta- está enraizado en las más profundas y secretas honduras del alma.

Nuestro arte contiene tantas revelaciones del arquetipo como del caos. Sólo las formas más simples de este mundo arquetipal reavivado se reflejan entre los neoprimitivos, ya sea que, al igual que Gauguin, vean formas arcaicas, o que, al igual que Rousseau, representen los arquetipos con resplandor *naive*: el desierto, el bosque primitivo, la Gran Madre como encantadora serpiente, la batalla en la jungla o, en contraste con todo esto, el mundo *petit bourgeois*, el ramillete, etcétera.

El sentido animista y panteísta del mundo animado por los arquetipos, se revela en la dinámica autónoma de la forma natural, como en Cézanne, los cubistas y las artes plásticas modernas. No sólo en Van Gogh y Munch, sino en realidad en todos los modernos, ya sea que pinten retratos, paisajes o abstracciones, esta dinámica autónoma crea paisajes psíquicos cuyo humor, emoción y color –la música interior del sentimiento, la línea y la forma originales, y las constelaciones originales de la forma y el color– constituyen la auténtica expresión de los poderes. En todos lados estos poderes, ya sea como viento o cubo, en lo feo y lo absurdo, así como en la piedra o la corriente –y, finalmente, también el ser humano-, se manifiestan como movimiento, nunca como cosas dadas e inmutables.

Así que el arte de nuestro tiempo se inclina hacia una radicalización espiritual, a la solemnización de las secretas fuerzas transpersonales y suprapersonales de la vida y de la muerte, que surgen desde el interior para compensar el materialismo dominante del panorama exterior de nuestros tiempos; un materialismo condicionado por el surgimiento del arquetipo de la tierra durante el Renacimiento.

De modo que es un gran error caracterizar a este arte como intelectual –ya que sólo sus parásitos son intelectuales-, así como también menospreciar sus ímpetus religiosos y, en el verdadero sentido del término, metafísicos. El impulso creativo anónimo es, en sí mismo, la realidad esencial de un arte humano independiente de cualquier mundo externo. Nuestro arte, al igual que nuestra época, se caracteriza por el viejo proverbio chino que señala Richard Wilhelm: «Los cielos luchan con las criaturas bajo el signo de lo Creativo.» [16]

---

[16] Wilhelm, *Der Mensch und das Sein.*

En compensación a la debacle de nuestro canon cultural y de nuestros valores permanentes, tanto el individuo como el grupo están experimentando un despertar del inconsciente colectivo. Su expresión interna, psíquica, es el arte moderno; pero también es discernible en el exterior, en el flujo de formas espirituales, religiosas y artísticas que brotan desde el inconsciente colectivo y se vierten sobre la conciencia de Occidente.

El arte de las diversas épocas, así como la religión, los pueblos y las culturas, tienden a fusionarse en nuestra experiencia moderna. En los símbolos del éxtasis de sus adoradores los dioses de todos los tiempos nos confrontan, a la vez que nos abruma este panteón interno de la humanidad. Su expresión es el arte mundial, esa prodigiosa red de creaciones numinosas por la que el hombre es capturado, aun cuando sea él su creador.

La dignidad del hombre ahora aparece ante nuestros ojos bajo la forma de su poder creativo, ya se trate del moderno o de los indígenas, del cristiano medieval o del primitivo. Todos juntos son los creadores de una más elevada realidad, de una existencia transpersonal, cuya emanación, trascendiendo el tiempo y las culturas, muestra al hombre en su realidad creativa y lo aguijonea en su dirección.

La revelación de lo numinoso habla en favor de todo hombre creativo, al margen de su nivel cultural, puesto que hay diferentes aspectos de lo transpersonal que conducen a unos a la vocación religiosa, a otros al arte, e incluso a otros más a la vocación científica o técnica. La fraternidad de *todos* aquellos que han sido capturados por lo numinoso, es uno de los grandes fenómenos humanos que estamos comenzando a percibir en esta era, en la que, más que en ninguna otra anterior, se está adquiriendo conciencia de la inmensidad de las obras del hombre.

Las religiones del mundo, los salvadores del mundo, los revolucionarios, los profetas y, no en último lugar, los artistas del mundo, han sido las grandes figuras que han creado para nosotros una forma unitaria. Todos nosotros –y no sólo los individuos entre nosotros- estamos comenzando, no a liberarnos de nuestras determinantes personales, ya que es imposible, sino a verlas en perspectiva. El curandero africano y el chamán siberiano adquieren para nosotros la misma dignidad que Moisés y Buda; un fresco azteca ocupa su lugar junto a un paisaje chino y a una escultura egipcia, las Upanishad junto a la Biblia y al Libro de las mutaciones.

En el centro de cada cultura y época se yerguen diferentes poderes numinosos –o tal vez deberíamos decir arquetipales-; pero todos ellos son eternos, y todos ellos conectan con la existencia eterna del hombre y el mundo. Ya sea que se trate del esfuerzo de Egipto por la permanencia, del terror primitivo de México, de la radiante claridad humana de Grecia; ya sea que se trate de la fe del salmista, del sufrimiento transfigurado de Jesús, o de Buda retirándose al infinito, del poder de la muerte en Shiva, de la luz de Rembrandt, del vacío de una mezquita árabe, del florecimiento de la tierra en el Renacimiento, de la tierra en llamas de Van Gogh, o de la tierra oscura de los demonios africanos, todos prestan testimonio de la captura atemporal del hombre por parte de lo numinoso.

Puesto que la fuente del impulso creativo no se encuentra en la Naturaleza, ni en la consciencia colectiva, ni en un canon cultural establecido, sino en algo que se desplaza a través de generaciones y de pueblos, épocas e individuos, que llama al individuo con el rigor de lo absoluto; y sin que importe de quién se trate, y sin que importe dónde se encuentre, lo compele a recorrer el camino de Abraham, a dejar la tierra donde nació, a su madre y al hogar paterno, y a buscar la tierra a la que lo conduce la divinidad.

En nuestro tiempo aparecen, una junto a la otra, dos formas de integración, una externa y otra interna, colectiva e individual. A pesar de lo mucho que puedan parecer distintas, están íntimamente relacionadas. La primera es la integración que incumbe a nuestra cultura, una integración con el mundo cultural y todos sus contenidos. La inundación de los contenidos colectivos del mundo conduce primero al caos, tanto al individuo como al grupo en su conjunto. ¿Cómo podría el individuo, cómo podría nuestra cultura integrar al cristianismo y la antigüedad, China e India, a lo primitivo y a lo moderno, al profeta y al físico atómico, en *una sola* humanidad? Aún así, eso es lo que deben hacer el individuo y nuestra cultura. Aunque por el odio de las guerras los pueblos se exterminen unos a otros en nuestro atávico mundo, la realidad viva en nosotros tiende, lo sepamos o no, estemos dispuestos a admitirlo o no, hacia un humanismo universal. Pero también existe un proceso interno de integración que compensa al externo: la individuación. Esta integración interior no consiste tan sólo en la integración del particular inconsciente personal; cuando el inconsciente colectivo emerge, el individuo debe entenderse internamente con los mismos poderes cuya integración y asimilación, bajo la forma de cultura mundial, constituyen su meta exterior.

Nuestra concepción del hombre ha comenzado a cambiar. Hasta ahora apenas lo habíamos visto bajo una perspectiva horizontal o histórica, formando parte de su grupo, de su tiempo y de su canon cultural, así como también determinado por su posición en el mundo; esto es, determinado por su época particular. Sin duda, hay verdad es esta visión; pero hoy comenzamos a verlo bajo una perspectiva diferente –vertical-: en su relación con lo absoluto.

Las raíces de la personalidad de todo hombre se extienden más allá del área histórica de su existencia fáctica y alcanzan el mundo de lo numinoso. Y si les seguimos el rastro a estas raíces, atravesaremos todos los estratos históricos y prehistóricos. Encontraremos dentro de nosotros al salvaje y sus máscaras y ritos; dentro de nosotros encontraremos las raíces de nuestra propia cultura, pero también encontraremos la meditación de Asia y el mundo mágico del curandero de la Edad de Piedra. El moderno debe aceptar el desafío de este mundo de poderes transpersonales, a pesar de su sensación de insuficiencia.

Debemos afrontar nuestros problemas e imperfecciones; y en su momento debemos integrar la súper abundancia de ese mundo externo e interno al que aún no ha moldeado ningún canon. Éste es el conflicto que atormenta al hombre moderno, a la era moderna y al arte moderno.

La integración del caos, sin embargo, no es posible mediante un único acto o constelación; la individuación requiere un proceso de crecimiento, y la transformación que conlleva abarca toda la vida; durante ese proceso, todas las capacidades del individuo para resolver conflictos son llevadas al límite. De allí, quizá, que las carreras de los grandes artistas de nuestro tiempo sean, en menor o mayor grado, auténticos calvarios. La meta de la integración que afronta el gran artista de la actualidad ya no puede ser llevada a cabo mediante una sola obra, sino que más que nunca antes requiere la unidad entre vida y obra. En este sentido, las obras de Van Gogh dejan de ser pinturas individuales; éstas son una tormenta de pintura ligada a su vida, y cada una de ellas es sólo una parte de la totalidad. Pero, a menudo, incluso ha dejado de ser la intención del artista –si es que podemos hablar de intención- el alcanzar la totalidad mediante una sola obra; en estos casos, la orientación es hacia la totalidad mediante el conjunto de su obra, con la que buscará expresar una realidad que trasciende la pintura.

Todos los artistas modernos –en contraste con los satisfechos artistas de los tiempos normales- poseen el sagrado entusiasmo del cual el *I Ching* dice: «El trueno retumba sobre la tierra: la imagen del entusiasmo» y «Entrega al movimiento, esto es entusiasmo.» [17]

Ya sea que consideremos a Picasso, con su unilateral devoción al gran impulso creativo –cuya obra representa una realidad significativa sólo cuando es vista en su totalidad, y en la que cada parte es problemática, cuestionable e incompleta-; o a Rilke, cuyo desarrollo lo conduce desde los delicados arreglos musicales, pasando por la catástrofe de diez años de silencio, hasta el gigantesco domo de las *Elegías de Duino*; o a la semiacompasada construcción del edificio de la obra de Thomas Mann, cada vez más preocupado con lo que en el hombre hay de maldad, enfermizo y arcaico, algo que él (quien, más que cualquier otro artista de nuestro tiempo, alcanzó la unidad de vida y obra que es la individuación) integró de manera única; o el trágico frenesí de Van Gogh o la mágica transformación de Klee; veremos que todos ellos nos pertenecen, que somos ellos o, mejor aún, que somos fragmentos de todos ellos.

Sabemos que el núcleo de la neurosis de nuestro tiempo es el problema religioso o, dicho en términos más universales, la búsqueda del Sí-Mismo. Esta neurosis de sentido, al igual que en el fenómeno de masas resultante de esta situación, se trata de una especie de enfermedad sacra. Toda nuestra época está llena de ella, pero detrás se yergue el poder de un centro numinoso, que parece dirigir no sólo el desarrollo normal del individuo sino también sus

---

[17] Vol. I, p. 71; Vol. II, p. 105.

crisis y transformaciones psíquicas; no sólo la enfermedad sino también la cura, tanto en el individuo como en lo colectivo.

Esta centroversión tiene grandes consecuencias en lo grande, y pequeñas consecuencias en lo pequeño. Sin embargo, la totalidad de nuestro arte, que puede llamarse neurótico en su éxtasis y «sagrado» en su neurosis, es inconsciente o –en sus cimas más elevadas- conscientemente dirigido por esta fuerza central. Y lo mismo sucede con cada uno de nosotros.

Al igual que la totalidad psíquica del individuo cobra forma alrededor de un centro misterioso, el mandala del arte moderno, en toda su vasta diversidad, se despliega alrededor de un centro asimismo misterioso, que en tanto caos y negrura, en tanto numinoso y modificación, está preñado de una nueva catástrofe, pero también de un nuevo mundo. En las *Elegías de Duino*, Rilke escribe:

> **Porque la Belleza no es sino el comienzo del Terror que apenas somos capaces de soportar, y si la adoramos es porque serenamente ella desprecia destruirnos.**[18]

Más que a cualquier otra belleza del arte, estas palabras se aplican a la terrible belleza del arte moderno, quien niega ser ella misma belleza. Nunca antes la belleza estuvo tan cerca de lo terrible. Los maestros del budismo Zen a menudo les torcían la nariz a sus discípulos o, igualmente para arrojarlos contra ellos mismos, los golpeaban en el rostro con el fin de conducirlos a la iluminación. De manera similar nuestro tiempo y nuestro destino, y a menudo también nuestro arte, nos golpean en el rostro, quizá también con el fin de arrojarnos al vacío del centro, que es el centro de la transformación y el nacimiento.

Porque a pesar de la desesperación y oscuridad, que todavía son más evidentes en nosotros y en nuestro arte que las secretas fuerzas del nuevo nacimiento y de la nueva síntesis, no debemos olvidar que no ha habido otra época que haya mostrado, en medio de las más grandes amenazas a su existencia, tanta disposición a

---

[18] Tr. Leishman y Spencer.

hacer saltar por los aires los estrechos límites de sus horizontes y abrirse a los grandes poderes que pugnan por emerger desde lo desconocido, aquí y en todo el mundo. Amenazados como estamos por nuestras propias bombas atómicas, cada acto de destrucción será respondido con una reconstrucción, en la cual la unidad de todo lo humano se afirmará con mayor fuerza que antes.

De ninguna manera se trata de una profecía; es la realidad del camino que recorremos o que, más bien, estamos compelidos a recorrer. A lo largo de este camino, los horizontes cambian de una manera que escasamente presentimos, y junto con ellos nosotros nos dirigimos hacia lo Nuevo, todos nosotros, los que estamos a este y al otro lado de la cortina que hoy nos divide.

No olvidemos que, a pesar de la oscuridad y el peligro, el hombre de nuestro tiempo, al igual que el arte que le pertenece, constituye una gran realización y una esperanza aún mayor.

CAPÍTULO 3

UN APUNTE SOBRE
MARC CHAGALL

Capítulo 3

Un apunte sobre Marc Chagall

Marc Chagall. El excéntrico pintor de Vítebsk es generalmente considerado un pintor costumbrista y romántico. Hay quienes destacan su cariz «infantil» o primitivo; otros, el aspecto idílico de su juventud en un pequeño pueblo; unos más, su herencia judía. Pero todas las interpretaciones pasan por alto el punto esencial.

Chagall no es un gran pintor de aquellos cuyo gradual crecimiento abarca áreas cada vez más grandes de mundo externo o interno. Tampoco es un pintor de arrebatos extáticos como van Gogh, que experimentaba apasionadamente al naciente mundo moderno en cada ciprés de la Provenza. Chagall es único en lo que se refiere a los profundos sentimientos que lo conducían desde la superficie donde se manifestaba su existencia personal hasta los símbolos fundamentales del mundo, hasta los cimientos de cualquier existencia concreta.

Sus pinturas han sido llamadas poemas y también imágenes oníricas, queriéndose resaltar así su intención de que el lienzo aluda a un plano no presente en la pintura. Quizá solo los surrealistas, quienes por esa razón llamaron a Chagall el primer surrealista, compartieron la misma intención, que en cierto sentido es una «no intención". Sin embargo -y he aquí el meollo del asunto-, Chagall no es un surrealista que trabaje con la ciega inconsciencia de la libre asociación freudiana. Una profunda pero no por ello informe realidad se deja sentir en su obra. El sentido de sus pinturas se despliega y fluye a partir de una misma unidad sensorial, reflejada no sólo en el desarrollo intrínseco del color sino también en la relación entre los símbolos, ordenados alrededor del centro a su vez simbólico de la obra. Estos centros simbólicos en las pinturas de Chagall son, de manera incuestionable, productos espontáneos del inconsciente y no construcciones yoicas. La conciencia que ejecuta las pinturas sigue el ritmo y la inspiración del inconsciente. La unidad y fuerza de convicción de sus pinturas expresan la obediencia con que Chagall acepta las intenciones de su inconsciente. Al igual que lo haría un médium, que permanece imperturbable ante las impresiones e influencias del entorno, él sigue la voz interior que le habla a través de los símbolos.

Aquí llegamos al núcleo de una paradoja judía presente en Chagall: una profecía en la cual la divinidad no habla en palabras, tal como lo hacía en la antigüedad, sino mediante el misterio y la imagen; un signo inconfundible de la conmoción extática que tiene lugar en el alma judía.

El lenguaje, y sobre todo el lenguaje de la religión profética, está enraizado en el inconsciente, con su corriente de imágenes; sin embargo, el judaísmo, al igual que el profetismo judío, se conformaron a partir del acento ético puesto sobre una conciencia que, a partir de su analogía con el poder central del Dios Uno y único, se constituye en fuerza central por derecho propio. La guía imperativa de esta voluntad profética moldeó la intención de las fuerzas inconscientes que yacían debajo, las sublimó a tal punto que las imágenes perdieron su color: el florido jardín de la vida psíquica quedó reducido a cenizas.

Pero, en Chagall, aquello que se origina en el mismo estrato psíquico del que la profecía judía obtiene su fuerza, habla por vez primera en imágenes y colores. En la nueva situación histórica del pueblo judío, y transformada en las profundidades del inconsciente, la profecía habla un lenguaje inédito y muestra contenidos asimismo novedosos: el comienzo de un nuevo mensaje judío al mundo. El alma judía, comprimida por necesidad en el caparazón del aislamiento, se libera, hunde sus raíces en las profundidades de la tierra y se manifiesta como una primera floración.

A primera vista parecería que no hubiera nada sobresaliente en el costumbrismo judío de Chagall. Folklore, la aldea idílica, el pequeño villorrio judío con su trivial burguesía y pleno de recuerdos infantiles, estos últimos siempre presentes una y otra vez. ¿A quién podría importarle esta aldea judía, todos esos parientes y parejas de recién casados, esos excéntricos y violinistas, esas fiestas y disfraces, esas velas del Sabbat y esas vacas, esos rollos de la Torá y las verjas del pueblo? La infancia: núcleo del cual Chagall nunca escapó y al cual retorna una y otra vez, sin que importen París ni Europa, las guerras mundiales ni las revoluciones. Todo esto puede ser muy admirable y conmovedor. ¿Pero acaso es todo?, tiene uno derecho a preguntar. ¿Por qué tanto alboroto? ¿No es una mera variante de primitivismo moderno, apenas arte popular romántico y rebosante de color? Chagall no respondería, probablemente no supiera qué responder; tan solo sonreiría y continuaría pintando su mundo colorido, las mismas casas pequeñas, los mismos recuerdos de infancia, los mismos fragmentos de su mundo de origen: vacas y violinistas, judíos y mulas, candelabros y novias. Y, en medio de todo esto, ángeles y lunas, fuegos resplandecientes y el ojo de Dios sobre el poblado. ¿Qué es la infancia, sino el tiempo de los grandes eventos; la época en la cual las grandes figuras están al alcance de la mano y nos observan por detrás de la esquina de la casa vecina; la época de la vida en la que los símbolos más profundos del alma son realidades cotidianas y el mundo brilla en todo su esplendor? Esta infancia se retrotrae hasta la más temprana prehistoria y abarca, con similar ternura, tanto a los ángeles de Abraham como al asno del vecino; experimenta la boda y el encuentro entre el novio y la novia con el mismo deleite y el mismo radiante colorido con que experimenta la primavera y las noches de luna del primer amor. En esta infancia aún no hay separación entre lo personal y lo suprapersonal, entre cerca y lejos, entre alma interior y mundo exterior; la corriente de la vida fluye indivisa, conjuntando la divinidad y el hombre, el animal y el mundo, en los brillantes colores del entorno. Esta simultaneidad interior y exterior, que percibe al mundo en el alma del mismo modo que percibe al alma en el mundo; esta simultaneidad de pasado y futuro, que experimenta la promesa de futuro en el pasado remoto, del mismo modo que experimenta la culpa de la antigüedad en la angustia del presente, todo ello es la realidad de la infancia de Chagall, y la presencia eterna de estas imágenes primordiales perviven en sus recuerdos de Vítebsk.

Por esta razón es que en sus pinturas no existe «encima» ni «debajo", ni objetos rígidos e inanimados, ni líneas divisorias entre el hombre y el animal o entre lo humano y lo divino. En el éxtasis del amor, el hombre aún luce la cabeza de asno de su naturaleza animal y, en medio de la calamidad y la ruina, brilla el semblante de los ángeles. La luz del alma divina -inmune al prisma de la comprensión- impregna todas las pinturas de Chagall, la misma luz que inunda el mundo durante la infancia; toda la realidad se vuelve símbolo, cada trozo del mundo se transforma en misterio divino.

Aunque es posible que Chagall nada «sepa» de lo que acontezca consigo en sus obras, lo cierto es que sus pinturas prestan testimonio de un conocimiento. En ellas vemos, una y otra vez, al amado pasando por transformaciones infinitas, ya sea como alma, como ángel o como el poder inspirador de lo femenino. En una de sus pinturas, el artista -presumiblemente ignorando la suerte del asno Lucio, ese hombre inferior que protagoniza la novela de Apuleyo- luce la cabeza de un asno mientras está de pie frente al caballete, y la figura del alma femenina guía sus ojos hacia arriba; en otra pintura es el ángel mismo quien sostiene su paleta, e incluso la figura del ánima, el alma, escudriña el caballete. En todos los casos Chagall expresa el conocimiento inconsciente de que su mano está siendo guiada, de que una criatura terrenal está recibiendo inspiración y guía por parte de una fuerza no terrenal y suprapersonal. En estas visiones lo masculino carece de vida, es bestial, ligado a lo terrenal, mientras que lo femenino florece y se transfigura en radiantes colores no terrenales.

Este énfasis en lo femenino refleja algo esencialmente nuevo en la mirada de la masculinidad judía, cuya ética y espíritu han sido siempre patriarcales; al punto que lo femenino, reprimido y casi despreciado, ha tenido que buscar para expresarse vías por así decirlo subterráneas. En Chagall, no sólo aparece la compensación del aspecto contrario, al igual que sucede en las subcorrientes místicas de la historia cultural judía; más aún, él es el profeta de una nueva realidad naciente, de una conmoción de las profundidades. Son estos aspectos los que justifican que hablemos de la misión profética de Chagall.

La figura del alma femenina que inunda el mundo de Chagall, trasciende la esfera personal y excede los límites de una paralela constelación puramente judía; de hecho, el círculo asienta su centro en símbolos arquetípicos, como pueden ser la noche y la luna, la novia y el ángel, el amado o la madre. No deja de ser llamativo, y a la vez característico de la situación del hombre y del judío modernos, que la madre con el niño ocupe a menudo la posición central en estas pinturas. La madre, de impronta mariana, con el niño que aparece en las pinturas de Chagall, ha ocupado siempre un puesto significativo en la vida judía como la fuerza emocional de lo femenino, fuerza regeneradora de lo colectivo. Una madre que siempre ha sido símbolo de fuerzas colectivas, pero que nunca ha encarnado un auténtico poder femenino individual ni se ha materializado, bajo la forma de una profunda fuerza femenina, al interior de la psique del hombre judío. Porque lo esencial es la encarnación individual del alma -de lo femenino- en el hombre, y así es como lo femenino aparece en Chagall y domina sus pinturas: como una configuración del alma mágica y fascinante, inspiradora y extática, que transforma al mundo con su plenitud de colores.

Es por ello que su obra orbita en torno a la relación de lo masculino con esta variante de lo femenino; la misma razón por la cual resulta ser en los amantes donde florece, una y otra vez, la secreta y misteriosa realidad del mundo. El Vítebsk de Chagall, del mismo modo que su París, rebosan de novios y novias, que él nunca se cansa de pintar; en ellos habitan los impulsos nocturnos de la oscuridad y la deslumbrante luz de los éxtasis del alma. El cuerpo puede tambalearse, puede adquirir alas y elevarse a realidades superiores; bajo la forma de un ángel rojo y reluciente puede sostener el cáliz portador del sagrado vino de la ebriedad; y una vez más la luna puede situarse tan cerca de los amantes, que el puente distante, cual si fuera la frontera que separa la realidad de la irrealidad, señala el límite de la transfiguración, en la cual amantes, ángeles y flores estrechan mutuamente sus manos, en la cual la interacción de alma y cuerpo, de lo humano y lo divino, del color y la luz, es siempre un encuentro, que deja atrás a todo lo demás, el encuentro del novio y la novia. Sin embargo, se trata en realidad del encuentro del Dios trascendente con su inmanencia femenina; es el encuentro del *Kéter* y la *Shekinah*, de Dios y el alma, del hombre y el mundo, que tiene lugar en la realidad interior de toda pareja viviente.

Aquí el simbolismo cabalístico y jasídico del misticismo judío se convierte en la realidad de un hombre ebrio de amor, cuya rica paleta presta testimonio de que el hombre creativo está hecho a imagen de Dios; en cuyas pinturas, que recrean la vida humana en el mundo, la creación del mundo se ve permanentemente renovada.

Los amantes son el sello de Dios sobre el mundo, el sello que confirma su vínculo con la realidad del hombre, del mismo modo que el arcoíris confirma la proximidad del brillo del sol. Porque, a pesar de todo, del terror, a pesar de los pogromos y crucifixiones, a pesar de las hogueras y de las guerras, esta vida terrenal, siempre y cuando se la tome como símbolo de ello, es la consolación de la divinidad misma.

La vaca blanca que yace junto al judío envuelto en el talit de su soledad, representa el apaciguamiento del mundo maternal; y en la noche que cubre al poblado, cuyas casas pobres y pequeñas, bajas y torcidas, situadas entre campos y vallados, brilla en todo su esplendor el gigantesco ojo de Dios. (Imagen 7.) Nos mira siempre. Siempre está observando al mundo, a nosotros en él, y también a sí mismo; y es en todo momento el centro de la realidad que, en la quietud, se vuelve visible en tanto presencia de Dios. Quizá esa mujer que ordeña a la vaca azul debajo de la luna, vea menos este ojo de lo que vea las gallinas y las casas; no obstante, el ojo domina el mundo de la oscuridad y se abre cada vez que la criatura dirige la mirada hacia él.

Pero es principalmente de noche y bajo la luz de la luna cuando la interioridad deja oír su voz y el secreto del mundo rompe su aislamiento, de forma tal que el mundo corre a su propio encuentro. Y ésa es la razón de que la noche sea el tiempo del éxtasis; de que el pájaro de fuego del alma, bajo la forma de un gallo en llamas, abduzca a lo femenino; y de que la música de los amantes remodele el mundo, en la perfecta unidad original de la cual éste surgió en sus orígenes.

Y, aun así, este deslumbrante mundo interior de Chagall -en el cual las cosas no ocupan su lugar terrenal sino el lugar que tienen en el alma, el lugar que les asigna la creación que está en progreso- no es una efímera creación imaginaria. Tampoco es un mundo de milagros y de fórmulas mágicas, en el cual la masculinidad judía, que trajo a la tierra la época mesiánica en sus plegarias, ahora sufra un rapto extático que la lleve en ilusorio vuelo sobre el tiempo histórico de la realidad. Todo lo contrario. Se trata del mundo real y terrenal del alma; cuyas raíces nocturnas se hunden, con mayor profundidad que las raíces de una mera vida terrenal, en la corriente de las imágenes primordiales, cuyas aguas alimentan a todo lo que tenga vida.

En el mundo simbólico de Chagall, lo judío y lo cristiano, lo individual y lo colectivo, el paganismo primitivo y la complejidad moderna, están fusionados en una unidad indisoluble. Los judíos perseguidos y masacrados cuelgan con sus filacterias al igual que Cristo en la cruz del sufrimiento; y la carreta de carga, rebosante de fugitivos aterrorizados cuyos hogares son consumidos por el fuego, hace escala en la figura del Crucificado, que añade así su sufrimiento al de ellos; puesto que el sacrificio y el sufrimiento son ubicuos, y la humanidad crucificada cuelga en todos lados de la Cruz del Hijo de Dios. Pero junto a todo ello se encuentra la pagana vitalidad de los animales; el carnero y el asno se convierten en figuras relacionadas con el dios Pan de la antigüedad pagana, en donde lo angelical se cruza con lo divino. Porque la naturaleza es vida, con toda su plenitud de color y toda su trágica profundidad, puesta de manifiesto en pulsiones e instintos y en la salvaje borrachera del éxtasis. La ebriedad del conocimiento gotea de la luminosidad del vino tinto y de la blancura del cuerpo de la mujer, no menos que del crucifijo y del rollo de la Torá; y la desesperada mezcla de lo más elevado y de lo más bajo en la naturaleza humana, se convierte en una misteriosa coincidencia de opuestos en el centro mismo de la vida.

Aquí, el pasado y el futuro, lo más elevado y lo más bajo, se fusionan en una realidad cuasi-onírica; tal como en los bosques encantados de Chagall la realidad interior y la realidad exterior aparecen como mundos situados en sendos lados contrarios del mismo espejo, y sin embargo reflejando un tercer mundo que esconde su verdadera realidad detrás de ellos y en ellos.

Esta realidad está tan viva en el judío durante la plegaria y en el Rabí, como en la miserable sierva y en el borracho, como en el gallo y en el frágil caballo. La sensualidad de los amantes desnudos comparece transfigurada en el fiero gallo de fuego, cuyo extático arco de luz irrumpe en la oscuridad de la noche; y los amantes en el bote o bajo el puente, resplandecen al igual que las velas del Sabbat o que el rojo sol de la boda.

Todos estos planos del mundo escondido de Dios, adquieren visibilidad en las pinturas de Chagall; cobran forma en la mezcla misteriosa de lo natural y lo divino que determina el mundo del alma: objeto y símbolo, espectro y realidad, arlequinada de la vida y magia de los amantes, desnudez de la pulsión y éxtasis religioso, pillaje de la soldadesca y danzante del alma a la luz de la luna, trompetas del juicio final e interminables trenes cargados de madres con sus niños, de Marías huyendo de Egipto, el fin apocalíptico del mundo y la Revolución de Octubre, rollos de la Torá, crucifijos, candelabros, gallinas ponedoras, asnos extáticos y radiantes violines cuyos acordes revolotean entre el cielo y la tierra. Y una y otra vez, la luna.

La divinidad habla a través de los colores y los símbolos. Ellos son el núcleo de un mundo de sensaciones y verdad, una verdad del corazón, una realidad onírica subterránea que, como si fuera una colorida red de venas y arterias, corre al encuentro de la existencia. Porque el «mundo real» es solamente una frágil ilusión que se abre camino en la sobriedad; únicamente el ojo embriagado del hombre creativo es capaz de ver el mundo auténtico, el de las imágenes. Una de las pinturas de Chagall lleva por título aquello que para él encarna el secreto de toda vida auténtica, esto es, de todo conocimiento de Dios: *Devenir flamme rouge et chaude*. Solamente la llamarada, la pasión devota en la que se materializan los profundos poderes de la psique en el hombre, pasión que a la vez les imprime movimiento, es capaz de revelar el secreto del mundo y de su impronta divina.

Pero todo esto no debe tomarse en sentido panteísta; no es una declaración universal acerca de la presencia de la divinidad. Pese a la cercanía de la obra de Chagall al misticismo judío y a símbolos tales como *hitlahavut* (pasión devota) y *deveikuth* (adhesión a lo divino), no hemos de reducirla a límites tan estrechos. La profundidad y amplitud de una revelación están en correspondencia con la profundidad y amplitud de la intención psíquica para la cual es revelada, para la cual el mundo como totalidad se le revela en primera instancia como un secreto creativo. Encontramos similares intenciones y percepciones inconscientes en buena parte de la pintura moderna y en el arte moderno en general, y también en el hombre asimismo moderno, siempre que esté enraizado en la actualidad. Y es que la reacción en contra de las fuerzas mecanizadas y desalmadas, tanto en el hombre como en la máquina, en contra de la desalmada mecanización que amenaza con destruir el mundo, consiste en la rebelión del alma y en la inmersión en el mundo interno por parte de la humanidad moderna.

La irrupción y descenso del alma al interior de la humanidad judía -evento por el cual Chagall está poseído y que él proclama en su obra-, es el resultado de un largo proceso de preparación. Fueron necesarios milenios antes de que la divinidad pudiera descender desde la áspera grandeza de la ley todopoderosa, desde las escarpadas alturas del Sinaí; antes de que pudiera hallar su propio camino a través de los luminosos mundos espirituales de las esferas cabalísticas y de los trascendentes secretos divinos, hasta el cálido fervor terrenal del misticismo jasídico.

Con la diáspora, la aislada comunidad judía se abrió al mundo; y este descenso al mundo, que comenzó con el exilio, es al mismo tiempo -en cualquier caso, constituye la secreta esperanza del destino judío- el surgimiento de la nueva realidad psíquica de los judíos. Este pueblo extraño, con su mezcla de lo joven y lo viejo, de primitivismo y diferenciación, de fervor profético y ética secular, de extremo materialismo y espiritualidad atemporal - Chagall es expresión eminente de todos esos rasgos-, está involucrado en un profundo proceso de transformación. Tras reunirse después de estar al borde de la desaparición, los judíos están una vez más sembrando las semillas recolectadas durante siglos de exilio. Es una época de degeneración y putrefacción; el mundo primordial se eleva hasta la superficie, caen los ángeles; pero, en medio de todo ello, el alma renace. Y, al igual que todo nacimiento, este nacimiento del alma humana ocurre *inter urinas et faeces*. Los valores supremos colapsan, los candelabros tambalean, en vano los ángeles soplan el shofar del juicio y barbados judíos despliegan los rollos de la Torá. Todo se desmorona con la caída de un mundo; y esta catástrofe, esta crucifixión, ocurre en un mar de sangre, violencia, color y lágrimas. Los crematorios de los campos de concentración y las montañas de cadáveres de las guerras mundiales son las estaciones de paso de esta catástrofe y de esta transformación. Porque todo lo catastrófico equivale a un renacimiento.

El destino del pueblo judío es también el destino de Europa, la caída de Vítebsk es también la caída de París, y el judío errante es el carácter errante de incontables millones de hombres desenraizados, tanto cristianos como judíos, nazis y comunistas, europeos y chinos, de huérfanos y asesinos. Una migración de individuos; un vuelo interminable desde los últimos límites del Asia a través de Europa y hasta América; una corriente sin fin de transformación, cuyas profundidades son insondables y cuyo propósito y dirección son imposibles de determinar. Sin embargo, es a partir de este caos y de esta catástrofe que lo eterno resurge en toda su insospechada gloria, lo eterno que es a su vez tan viejo como renovadamente joven. No desde el exterior, sino desde el interior y debajo, brilla la luz misteriosa de la naturaleza, la divina aureola de la Shekinah, que consuela y cura, tal es el femenino secreto de la transformación.

La indiferencia de Chagall respecto de los eventos del mundo, es cualquier cosa menos indiferencia hacia los acontecimientos de su época. Tal vez los colores empapados de dolor de los agónicos poblados y los fugitivos sin hogar de las pinturas de Chagall, sufran más profundamente que el famoso *Guernica* de Picasso. Chagall carece de monumentalidad porque cualquier forma rígida y monumental, está condenada a disolverse en remolinos de emoción; porque el dolor es tan grande y cercano, que carcome desde adentro cualquier forma definida. Es la disolución de un mundo fuera de quicio, un mundo cuyo suelo ha sufrido una erupción volcánica; las normas colapsan, los flujos de lava destruyen el orden existente, y, sin embargo, géiseres de creatividad emergen del suelo torturado. Porque a través de esta disolución, un plano más profundo de realidad cobra forma y comunica su secreto a aquellos que, devastados al igual que el mundo, experimentan por ello las fuentes psíquicas primordiales del mundo mismo, que también son las suyas. Lo divino y lo humano transitan por el mismo camino, el mundo y el hombre no constituyen una dualidad en enfrentamiento mutuo, sino que conforman una unidad inseparable. La luna se levanta en el alma de todo individuo, y el hogar en cuya frente se abre el ojo de la divinidad eres tú mismo.

La indiferencia de Chagall es la del amante, que procura reunirse con el Uno desconocido que le proporciona la certeza de estar vivo. Es el antiquísimo pacto del judío y el hombre con el Dios que, desprovisto de límites, no solamente le ofrece socorro, sino que además se sacrifica a Sí mismo en beneficio de toda la nación y de todo individuo. En todo hombre arde el Sinaí, todo hombre es crucificado; pero todo hombre es, al mismo tiempo, la totalidad de la creación y el Hijo de Dios.

Igual que el alma abriéndose paso en el hombre moderno en general, en la pintura de Chagall vemos abrirse paso el sufrimiento de la verdad desnuda concerniente a un hombre a quien nuestra época le ha infligido lo mismo que a cualquier otro hombre que viva en ella. Nada humano permanece, salvo en relación con lo divino. La indiferencia de Chagall es la experiencia de un hombre para quien se ha abierto el mundo divino-humano; porque lo terrenal-humano está tan empapado de horror y sufrimiento de transformación, que los sentimientos de ese mismo hombre solamente pueden permanecer vivos si éste los enraíza en el corazón de la existencia.

CAPÍTULO 4

HOMBRE CREATIVO Y TRANSFORMACIÓN

Capítulo 4

Hombre creativo y transformación

I

Una vez más se me ha pedido comentar un tema tan amplio que no puedo evitar una sensación de insuficiencia. Transformación creativa: cada una de estas palabras abarca un mundo misterioso y desconocido. Recordemos que toda la obra de Jung, Desde la temprana *Símbolos de transformación*[1] hasta *Psicología y Alquimia*, así como su más reciente trabajo sobre el simbolismo de transformación en la Misa, es un incansable intento por desentrañar el significado de la palabra «transformación».

Y cuando nos ocupamos del adjetivo «creativa», ¿cómo evitar sentirse asaltado por una profunda desesperanza? Por un lado, la imagen del Dios creativo y de la creación; por otro lado, la imagen de *Lo Creativo* con sus seis líneas masculinas, la cual, situada al inicio del Libro de las Mutaciones, enfatiza la conexión primordial existente entre la transformación y la creación. Pero entre estas dos grandes imágenes, la del Dios creador del mundo y la del mundo divino que se transforma a sí mismo, emerge el mundo creativo humano, el mundo de la cultura y de la creatividad,

---

[1] [Esta obra, publicada por primera vez en 1912, apareció en la traducción al inglés de Beatrice Hinkle de 1916 como *Psicología de lo inconsciente*. La cuarta edición suiza, profundamente revisada, se publicó en 1952 como *Symbole der Wandlung*; y fue traducida en 1956 como *Símbolos de transformación*, vol. 5 de las Obras Completas. *Psicología y Alquimia*: sus contenidos principales aparecieron publicados por primera vez en el *Eranos-Jahrbücher 1935* y *1936*; fueron publicados como el vol. 12 de las Obras Completas en 1953.

«Símbolos de transformación en la misa»: publicado por primera vez en *Eranos-Jahrbücher 1941* y apareció traducido en *Psicología y Religión: Occidente y Oriente,* vol. 11 de las Obras Completas, 1958. – Nota del editor en inglés.]

que constituye al hombre como hombre y hace de su vida en el mundo algo que merece la pena ser vivido.

¡Cuán infinitamente vasto es el ámbito que evoca la palabra transformación! Ésta abarca todo cambio, todo fortalecimiento y debilitamiento, toda ampliación y estrechamiento, todo desarrollo, todo cambio de actitud y toda conversión. Toda enfermedad y toda recuperación están relacionadas con el término transformación; la reorientación de la conciencia y la pérdida de la conciencia en el éxtasis místico, son asimismo transformaciones. Incluso la normalización y adaptación de un individuo neurótico a determinado entorno cultural, puede representar para un observador la transformación de una personalidad; mientras que otro, ante una experiencia que la altere por completo, puede diagnosticarlo como enfermedad y desintegración de esa misma personalidad. Cada una de las diferentes tendencias religiosas, psicológicas y políticas interpreta la transformación a su manera. Y cuando consideramos cuán limitados y relativos son todos estos puntos de vista, surge la pregunta ¿dónde encontrará el psicólogo los criterios que le permitan decir algo acerca de la trasformación pura y simple, por no mencionar cuando tenga que hablar de la transformación creativa?

Lo que nos encontramos más a menudo son cambios parciales, transformaciones parciales de la personalidad y, particularmente, de la conciencia. Dichas transformaciones parciales no dejan de ser importantes. El desarrollo del Yo y de la conciencia, la centroversión de la conciencia, en medio de la cual el complejo del Yo se encuentra a sí mismo, así como también la diferenciación y especialización de la conciencia, su orientación en el mundo y adaptación al entorno, su amplificación debido a cambio de contenidos y a asimilación de nuevos contenidos, todos estos normales procesos de desarrollo son procesos de transformación altamente significativos. A través de los siglos el desarrollo del hombre, desde el niño al adulto, desde una cultura primitiva a otra diferenciada, ha estado ligado con transformaciones decisivas de la conciencia.

No olvidemos que, hace poco menos de cien años, el hombre dejó de considerar que las transformaciones de la conciencia, esto es, de la personalidad parcial, eran lo único que importaba. Aunque la psicología profunda comenzó a redefinir el aspecto del hombre moderno de una manera que habría sido inconcebible hace apenas unos cuantos años, la educación de los individuos encargados de dirigir las naciones está dirigida casi exclusivamente hacia las transformaciones de la conciencia y de las actitudes conscientes; o, por el contrario, la educación sostiene que la transformación es innecesaria. La experiencia de la psicología profunda, sin embargo, nos ha enseñado que, a menos que los cambios en la conciencia vayan de la mano con cambios en los componentes inconscientes de la personalidad, aquellos no conseguirán mucho por sí solos. Una orientación puramente intelectual podrá, sin la menor duda, producir cambios importantes en la conciencia, pero en la mayor parte de los casos estos cambios estarán restringidos al área limitada de la conciencia. Mientras que los cambios parciales en el inconsciente personal, en los «complejos», influencian la conciencia, los cambios efectuados a través de los arquetipos del inconsciente colectivo afectan la personalidad total.

Más sorprendentes son aquellas transformaciones que asaltan violentamente a una conciencia aparentemente hermética y centrada en el Yo, por ejemplo, las transformaciones que se caracterizan por «irrupciones» más o menos frecuentes del inconsciente en la conciencia. El carácter disruptivo es experimentado con fuerza peculiar en una cultura basada en la estabilidad del Yo y en una conciencia sistematizada; por el contrario, en una cultura primitiva, abierta al inconsciente, o en una cultura cuyos rituales proporcionan un nexo con los poderes arquetípicos, los hombres están preparados para dichas irrupciones. Y la irrupción es menos violenta porque la tensión entre la conciencia y el inconsciente no es tan acusada.

En una cultura en la cual los sistemas psíquicos se encuentran separados, el Yo experimenta tales irrupciones básicamente como «extrañas» y ajenas, como una fuerza externa que lo «viola», un sentimiento que en parte está justificado. Porque, básicamente, cuando un desarrollo o constitución patológica ha disuelto la personalidad volviéndola permeable, cuando el Yo no ha adquirido la necesaria estabilidad y la sistematización de la conciencia es incompleta, entonces la carga del estrato caótico de las emociones reprimidas se eleva desmesuradamente desde el inconsciente colectivo y ataca el punto más débil, de lo que resulta la «personalidad disruptiva».

Pero los desórdenes psicológicos que tienen el carácter de invasiones extrañas, incluyen también las irrupciones provocadas por una alteración de los fundamentos biológicos de la psique, que pueden encontrar su causa en un malestar orgánico, por ejemplo, infecciones, hambre, sed, cansancio, sustancias tóxicas o medicinas.

Relacionados con estos desórdenes, se encuentran las transformaciones conocidas por nosotros como fenómenos de conversión o iluminación súbitas. Pero aquí lo repentino y extraño de la irrupción implica sólo al Yo afectado y a la conciencia, no a la personalidad total. Usualmente, la irrupción en la conciencia es la culminación de un desarrollo que ha madurado largo tiempo en los sustratos inconscientes de la personalidad; en este caso, la irrupción representa sólo el «punto de ebullición» de un proceso de transformación que ha estado presente por mucho tiempo, pero que el Yo previamente no lo había percibido.[2] Por esta razón, dichas irrupciones no deben considerarse como alienantes esde el punto de vista de la personalidad total. No obstante, la posesión que acompaña a un «logro» o a un proceso creativo, puede asumir la forma de una «irrupción» psíquica.

La transformación psíquica y la normalidad de ninguna manera se encuentran en oposición fundamental, enfrentadas una a otra. Las fases del normal desarrollo biopsíquico –infancia, pubertad, mitad de la vida, climaterio- son siempre fases transformativas, subjetivamente críticas en la vida de la personalidad.

El desarrollo normal se caracteriza por una serie de transformaciones que las dominantes arquetípicas ayudan a guiar. Pero aquí nuevamente es difícil distinguir lo personal e individual de lo arquetípico, puesto que en cada ontogénesis el arquetipo cristaliza en y a través de lo personal y lo individual; de este modo, por ejemplo, inevitablemente experimentamos las edades del hombre también como biografía individual. Toda niñez es tanto la «niñez en sí» como *mi* propia niñez. Todas estas fases de

---

[2] William James, *The varietes of religious experiences.*

transformación son comunes a todas las especies, y son a la misma vez destino único e individual. Representan las transformaciones naturales que deben entenderse en un sentido total, esto es, tanto biológica como sociológicamente. En tanto transformaciones totales abarcan la entera personalidad, la conciencia y el inconsciente, las relaciones entre ambos, así como la relación entre la personalidad y el mundo y el entorno humano. La intensidad y el espectro de estas etapas naturales de transformación varían en la esfera humana; pero casi siempre la infancia, el amor, la madurez, la senectud, la expectativa de la muerte, son experimentadas e interpretadas como crisis, irrupciones, catástrofes y renacimientos. Eso explica por qué la cultura humana establece rituales para dichas ocasiones; rituales en los cuales y a través de los cuales el aspecto meramente natural de la fase de desarrollo en cuestión, es elevado hasta ser advertido como de transformación psíquica.[3] En otras palabras, el conocimiento de que el hombre atraviesa por transformaciones, y que el mundo se transforma con él y para él, es un elemento común a todas las culturas humanas.

Religión y ritual, festejo y costumbre, iniciación y experiencia de destino, conforman un conjunto; estos elementos introducen al individuo en la cultura de la colectividad, al igual que insertan la vida de la colectividad en la experiencia parcial del individuo. El hecho de que los ceremoniales y los ritos de transformación sean casi siempre llevados a cabo en consonancia con la división del año, muestra que las transformaciones del desarrollo humano son experimentadas como una con las transformaciones del mundo natural. En otras palabras, el simbolismo natural de los fenómenos de transformación psíquica es experimentado no sólo en sí mismo, sino también en tanto auténtica identidad entre lo interno y lo externo; nueva conciencia, nacimiento de la luz y el solsticio de invierno son uno y lo mismo. Lo mismo se cumple con resurrección, renacimiento y la primavera; con introversión, descenso al infierno o al Hades y el otoño; con muerte, oeste y la noche; o con victoria, este y el amanecer.

---

[3] Véase mi «Zur psychologischen Bedeutung des Ritus.»

En todos estos casos, la cultura realzó y convirtió a la transformación natural de la fase de desarrollo en contenido de conciencia, ya sea para todos sus miembros o, tal como sucede en las sociedades y misterios secretos, sólo para ciertos individuos. Y esto significa que, en la cultura humana, el hombre no sólo se experimenta a sí mismo como aquel que es y que debe ser transformado. Adicionalmente, esta transformación, específicamente humana, es tenida por algo que no es meramente natural. En las culturas primitivas, tal como sabemos, el hombre «debe» ser iniciado. Lo que cuenta no es la edad, ni la transformación ordenada por la naturaleza, sino la transformación iniciática ordenada por la colectividad; un proceso más elevado de transformación, de naturaleza trascendente —un proceso tradicional, esto es, específicamente humano- extraído del hombre mismo. En este proceso, el lado espiritual de la colectividad, el mundo arquetípico tal como está relacionado con el canon cultural de la época, es invocado, experimentado y solemnizado como la fuente creativa de la existencia colectiva e individual. Esto puede lograrse por medio de misterios o sacramentos o de otras maneras; pero en todos los casos el fenómeno fundamental, sin ninguna duda común a toda la humanidad, es una transformación inducida por la colectividad cultural, que prepara al individuo para vivir en comunidad. Y no hay duda alguna que estos ritos de transformación, que enfatizan y realzan las fases de la naturaleza, son regenerativos tanto en propósito como en efecto.

Aunque en nuestro tiempo esta sublimación cultural de las transformaciones naturales se haya virtualmente perdido, el natural poder curativo del inconsciente afortunadamente se ha preservado en el hombre normal y saludable. No sólo es guiado a través de las fases de la vida —aunque menos que el hombre primitivo- por su desarrollo filogenético, sino que, y sobre todo, la acción compensatoria de la psique con su tendencia a alcanzar la totalidad moldea su vida entera.

Hemos dicho que esa transformación biopsíquica siempre abarca la totalidad de la personalidad, mientras que la posesión por un complejo personal, por un contenido emocional, sólo conduce a una transformación que embarga a la conciencia y a su centro, el Yo. Aquí uno se ve tentado a caracterizar los complejos del inconsciente personal como negativos, y a distinguirlos de los contenidos creativos arquetípicos del inconsciente colectivo. Pero en el hombre saludable y creativo, al igual que en aquel que sufre un desorden mental, a menudo los complejos emocionales del inconsciente personal sólo pueden separarse muy insuficientemente de los contenidos arquetípicos que se yerguen por detrás.

Todas las teorías psicoanalíticas nos permiten conectar una conciencia poseída con un complejo del inconsciente personal, y reducir este complejo a una sensación de inferioridad, a una fijación en la madre, a una constelación de ansiedad, etcétera. Pero el problema debe abordarse de manera distinta si es que el complejo conduce a obtener un logro. Donde quiera que un complejo del «inconsciente personal» haya llevado a un logro y no a una neurosis, la personalidad habrá tenido éxito de manera espontánea o reactiva en ir más allá del elemento «meramente personal o familiar» del complejo y en alcanzar así una significación colectiva, esto es, se habrá convertido en creativa. Pero, en realidad, cuando esto sucede, el complejo personal, por ejemplo, el sentimiento de inferioridad o el complejo materno, habrá sido únicamente el chispazo que condujo al logro, ya sea que se trate de religión, arte, ciencia, política o de cualquier otro campo.

El término «sobrecompensación» significa aquí, simplemente, que el complejo personal del individuo, respecto del cual la humanidad es completamente indiferente, no desemboca en una enfermedad, de la que eventualmente la especie humana será asimismo indiferente, sino en algo –un logro- que en menor o mayor medida preocupa a todos. El chispazo inicial, por ejemplo, el sentimiento de inferioridad y la voluntad de poder con que está relacionada, no se ha detenido en fantasías patológicas; sino que, por el contrario, el complejo, la herida, ha «abierto» alguna parte de la personalidad a algo con auténtico significado para la humanidad. En esta conexión, es de importancia secundaria si es que se trata de un contenido del inconsciente colectivo o de una revaluación del canon cultural. Tal como sabemos, todo hombre, enfermo, normal o creativo, tiene «complejos»,[4] por lo que surge la pregunta: ¿Cuál es esa reacción del individuo ante los complejos del inconsciente

---

[4] C. G. Jung, «A review of the Complex Theory.»

personal, reacción que tiene lugar en todo desarrollo individual, que distingue a uno de otro?

La psicología profunda ha descubierto que la vida psíquica del individuo contiene una tendencia hacia el equilibrio y la totalidad de la personalidad, no sólo en la segunda mitad de la vida, sino inclusive desde el comienzo de ésta. Esta tendencia a la totalidad compensa los trastornos que ocurren durante el desarrollo; proporciona importantes contrapesos inconscientes que buscan corregir las excesivas unilateralidades de la conciencia. La ley de la autorregulación individual, que se cumple tanto en la vida psíquica como en la orgánica, se refleja en el intento de atraer e incorporar a la totalidad la «dábil posición psíquica» que indica el complejo personal. En primer lugar, se desarrollan fantasías alrededor del complejo. Estas fantasías consisten en una conexión que el inconsciente mismo establece entre los complejos meramente personales y sus representaciones inconscientes, que a menudo se interpretan como imágenes de deseos y representaciones de omnipotencia. Pero con mucha frecuencia estas interpretaciones lo conducen a uno a olvidar el efecto constructivo de estas fantasías, que siempre están ligadas a contenidos arquetípicos. Estas fantasías proporcionan a la personalidad atascada una nueva dirección, el anticipo de un nuevo comienzo para la vida psíquica, y provocan que el individuo sea productivo. Una relación con la imagen primordial, con la realidad arquetípica, conlleva una transformación que debe designarse como productiva.

En el caso de las normales fantasías de desarrollo del tipo de salvación o grandeza, éstas conducen, quizá a través de la relación con el mito del héroe arquetípico y de la identificación del Yo con el héroe, quien siempre simboliza arquetípicamente la conciencia, a ese fortalecimiento del Yo que se requiere si lo que se busca es superar el complejo personal. Adicionalmente, estas fantasías, bajo el control de la realidad, ayudan a despertar una natural ambición que conduce a un logro cultural. Pero el control de la realidad significa la aceptación del canon cultural y de sus valores, hacia los cuales ahora la ambición se dirige. El contenido de esta ambición varía grandemente: puede consistir en el deseo de ser «masculino» o «femenina», arrojado, competente, valiente, etcétera; en otras palabras, siempre está relacionado con aquella parte del canon cultural que está directamente conectada con el complejo personal. Podemos caracterizar esta «transformación» usando el término más bien vago de «sublimación», que en este contexto podría significar una culturización y socialización del individuo, que fue posible gracias a la conexión establecida entre los complejos y los arquetipos. En el neurótico, confinado regresivamente dentro de su mundo de fantasía, este proceso de transformación de los complejos personales no tiene éxito, o si lo tiene sólo es de manera incompleta;[5] pero en el hombre creativo toma un curso diferente, tal como veremos en detalle.

La separación de los sistemas psíquicos, que se intensifica en el curso del desarrollo, conduce cada vez más hacia una actitud defensiva por parte de la conciencia frente al inconsciente y, también, hacia la formación de un canon cultural que está orientado más hacia la estabilización de la conciencia que hacia el fenómeno transformador de la posesión. El ritual, al que podemos considerar como el área central de la transformación psíquica, pierde su significado regenerador. Con la disolución del grupo primitivo y con el progreso de una individuación dominada por la conciencia del yo, tanto el ritual religioso como el arte pierden eficacia; con lo que llegamos a la crisis del hombre moderno, con su aguda separación de los sistemas, su brecha entre conciencia e inconsciente, su neurosis y su incapacidad para la transformación creativa total.

En este punto crucial, tal como sabemos, se establece una tendencia compensatoria: el proceso de individuación, con su mitología y ritos individuales. Surge así el problema de la transformación individual. Pero aquí no nos ocuparemos del proceso transformativo que tiene lugar en la individuación, ni de su relación con el principio creativo universal y sus desviaciones con respecto a éste. Jung ya trató exhaustivamente estos temas.

El giro moderno hacia la transformación creativa se manifiesta no sólo en la psicología analítica, sino también en el esfuerzo que realizan los educadores por desarrollar la facultad creativa en los niños y en los adultos. La dominación del individuo

---

[5] Aquí no podremos abordar las razones de este fracaso, que deben buscarse, en la mayoría de casos, en alguna alteración en el desarrollo del yo.

por parte de nuestra cultura de conciencia unilateral, lo ha conducido a una esclerosis de conciencia; se ha vuelto incapaz de pasar por una transformación psíquica. En estas circunstancias, el Yo se convierte en un Yo exclusivo, un desarrollo que se refleja en los términos «egoísta» y «egocéntrico». Así se ha cerrado tanto al «Tú» del Sí-Mismo, a la totalidad propia del individuo, como al «tú» del exterior, del mundo y de la humanidad.

Esta «egoización» de una conciencia hermética y esclerótica se completa mediante la formación de un Yo ideal. En contraste con el Sí-Mismo, centro de la auténtica totalidad viviente (esto es, la totalidad que es transformada y de la que nace la transformación), el Yo ideal es una función y el producto artificial de una reacción. Este Yo ideal surge, en parte, debido a la presión de la conciencia colectiva, del superego que custodia la tradición; que imprime sobre el individuo los valores que lo colectivo desea que éste porte, y que busca además suprimir en el sujeto cualquier rasgo que lo desvíe del canon cultural. El Yo ideal consiste en la voluntad culturalmente condicionada que fuerza al individuo a ser diferente de lo que verdaderamente es; por ejemplo, mediante un rechazo y una represión conciente e inconsciente del Sí-Mismo, que conduce tanto a una personalidad impostada, la Persona, como a la separación de la Sombra.

La formación de un Yo ideal a través de la adaptación al canon cultural y a las autoridades de este modo necesitadas, es en sí mismo normal si —y éste es el *quid* de la cuestión- permanecen vivas la experiencia del Sí-Mismo individual y la experiencia del nexo con los poderes creativos y transformadores del inconsciente. En la conciencia esclerótica típica de nuestra situación cultural, lo que encontramos es una radicalización del Yo y del Yo ideal. La separación egoísta del inconsciente vivo y la pérdida del Sí-Mismo, se han convertido en un serio peligro.

La represión que ejerce la conciencia esclerótica crea un submundo con una peligrosa carga emocional; la cual tiende a erupcionar, avasallar y destruir el mundo de los victoriosos. Este submundo está habitado por los dioses destronados y suprimidos, los demonios y Titanes, los dragones, que conforman la peligrosa subestructura del mundo dominante que se levanta por encima. Pero tal como el mito establece, la represión no transforma a dichos poderes; tan sólo los encadena temporalmente. El día del juicio, o cualquier otro día situado en el futuro, nos da una idea de lo que son estos dioses. Los dioses victoriosos de la conciencia son destruidos, y el viejo Satán, el viejo Loki, los viejos Titanes, irrumpen en la superficie, inmutables, y tan poderosos como el día en que fueron capturados. Vistas las cosas desde este aspecto final, salvo que intervenga la divinidad creativa y nos conduzca a la victoria y a un nuevo comienzo, el curso entero de la historia habrá sido insignificante. Los antagonismos entre los poderes que condujeron a la batalla y a la represión, conservan la misma intensidad que al inicio; y los poderes que fueron reprimidos pero no transformados, deben nuevamente –al menos según un dogma absurdo, aquí simplificado- ser reprimidos, pero ahora para siempre. Mas sólo si regresa la figura salvadora del redentor, no como juez, según el antiguo mito, sino como, tal como parece sostener el nuevo mito, un redentor que transforme, será posible que se realice la síntesis hacia donde apuntaba la antigua tensión de opuestos.

Pero hasta entonces –esto es, mientras que a nuestra realidad la domine no sólo la separación de opuestos dentro de ella, sino también la peligrosa escisión entre el mundo consciente y el inconsciente- el mal aparecerá predominantemente, aunque no de manera exclusiva, de dos maneras muy distintas y aun así íntimamente vinculadas. Porque Satán, en tanto antítesis del mundo primordial de las transformaciones, es la rigidez –la rigidez y severidad con que nuestra cultura consciente, por ejemplo, emite sus decretos hostiles hacia la transformación-; pero, al mismo tiempo, Satán es también su opuesto, el caos.

La rígida e inequívoca certeza –en este contexto podríamos llamarla «certeza yoica»- que excluye la transformación y todo tipo de creatividad, incluida la revelación, es un asunto del Diablo. Donde ella prevalece, la situación del hombre, del Yo y de la conciencia es profundamente malentendida, y el fenómeno fundamental de la existencia, el fenómeno del cambio -crecimiento, transformación, muerte- que rodea la vida de toda criatura, es desacreditado. El peligro de esta rigidez diabólica es inherente a todo dogmatismo, a toda intolerancia: ambos son símbolos de la oclusión a la revelación. Tener ojos y no ver, tener oídos y no escuchar; éstos son los típicos e inconfundibles síntomas de la oclusión al llamado de la vitalidad creativa.

Pero el otro lado del Diablo, el reverso exacto de su rigidez, es el caos. Sabemos muy bien, en virtud de nuestro ejemplo, en tanto individuos y en tanto comunidad, el aspecto que ofrece este «otro lado» de nuestra rígida conciencia. Engendramos dentro de nosotros mismos esta amorfa, borrosa e impura condición carente de estructura, esta masa informe y renuente a adquirir forma, mientras que la rigidez diabólica domina nuestra conciencia y nuestra vida. La suave e indiferenciada fijeza del uno es inseparable del caos informe e indiferenciado del otro.

Rigidez y caos, dos formas de lo negativo, están en directa oposición al principio creativo, que abarca a la transformación, por lo tanto, también a la vida y a la muerte. Al diabólico eje de rigidez y caos lo corta el eje transformador de la vida y de la muerte. En la vida inconsciente de la naturaleza, estos dos ejes coinciden; y en lo que en el caso extremo es la rigidez, aparece en consecuencia como la firmeza con que se enraíza la vida. De manera similar, lo que en el extremo es el caos, aparece normalmente vinculado con el principio de la muerte. Es sólo en el hombre, con su desarrollo de la conciencia y separación de los sistemas, que los ejes se separan. El caos y un aparente orden inalterable de conciencia aparecen sólo en el hombre, puesto que la naturaleza extrahumana es tan libre del Diablo como de la rigidez y el caos.

Por esta razón, sólo la experiencia de nuestra propia psique confundida nos lleva a comenzar nuestra mitología con el caos, a partir del cual, tal como sostenemos en abierto desafío a todas las probabilidades, el orden emerge. Esto, nuevamente, es una proyección de nuestra incompleta experiencia de la génesis de nuestra propia conciencia generadora de orden. Incluso hoy nuestra conciencia, en el esfuerzo de comprenderse a sí misma, la mayoría de veces no se ha percatado de que el desarrollo de dicho orden y de dicha luz es, respectivamente, contingente con respecto a un orden preestablecido y a una luz primordial.

El orden que encontramos en el inconsciente, así como en la conciencia –el orden espiritual de los instintos, por ejemplo-, mucho antes de la aparición de esta última como determinante de la vida orgánica y de su desarrollo, descansa sobre un plano de experiencia al que no llega la normal experiencia de nuestra conciencia polarizada. En este plano la comunidad humana vive con las relativas solidez y seguridad de un mundo basado en el canon cultural, y sólo eventualmente un terremoto, un encuentro subterráneo con los poderes reprimidos del caos, los Titanes y la serpiente Midgard, alteran la seguridad de la colectividad humana.

El estrato del caos y del mundo del orden pre-caótico, que viven en las profundidades del mundo superior, están separados de éste por una encendida zona de emociones, en la cual el individuo promedio evita hundirse. En el periodo tardío de la cultura, y en la medida en que los puntos de aproximación a los poderes estén solemnizados en el mismo canon cultural, basta que el hombre promedio se acerque al volcán numinoso del fuego subterráneo con veneración y desde una distancia prudente. Pero si, tal como sucede en nuestros días, el camino colectivo a estas regiones ya no es viable, experimentamos su presencia básicamente en las zonas de irrupción, a la cual pertenecen los desórdenes psíquicos. Relacionado con esto, pero diferente en esencia, es el proceso creativo, que es un fenómeno humano fundamental.

Sabemos que el fenómeno de la posesión aparece también en el hombre creativo. Pero, en la evaluación de la conexión que se da entre la personalidad creativa y la transformación, el individuo que se detiene en su posesión y cuya productividad está basada en una monomanía, en una *idée fixe*, ocupa sólo un rango inferior en la jerarquía de los hombres creativos, sin perjuicio de que su logro sea significativo para la colectividad.

La transformación creativa, por otro lado, representa un proceso total; en el cual el proceso creativo se manifiesta, no como una irrupción posesiva, sino como un poder relacionado con el Sí-Mismo, centro de la personalidad total. La posesión parcial por parte de un contenido puede superarse sólo cuando la centroversión, que busca la totalidad de la personalidad, permanece como el factor guía. Ante esta eventualidad, la ley de la compensación psíquica conduce a un prolongado intercambio dialéctico entre la conciencia asimiladora y los contenidos que de manera permanente están constelándose una y otra vez. Es entonces que comienza el proceso continuo que caracteriza a las transformaciones creativas: nuevas constelaciones del inconsciente y de la conciencia interactúan con nuevas producciones y nuevas fases de transformación de la personalidad. De este modo, el principio creativo opera sobre la conciencia y la transforma, y hace lo mismo con el inconsciente, esto es, con la relación yo-Sí-Mismo (yo-Tú). De igual manera opera sobre la relación yo-tú: una transformación creativa de la personalidad total implica una relación modificada con el «tú» y el mundo, y también una nueva relación con el inconsciente y con el Sí-Mismo. Esto constituye una clara indicación, mas no la única, de que una trasformación psíquica significa un cambio en la relación con la realidad extrapsíquica.

Objetivamente, sin embargo, el proceso de transformación en el hombre creativo no sólo se refleja en lo que podemos llamar «influencia personal». Muy a menudo esta influencia personal, tal como el fenómeno de los dictadores ha demostrado, está basada en la posesión y en las proyecciones, en otras palabras, en factores de origen altamente dudoso. En su forma más elevada, pertenece a los efectos del proceso creativo; pero es el fenómeno del «opus», síntesis de lo interno y externo, de lo psíquico subjetivo y objetivo, la parte que en ella resulta más evidente. En todos los campos de la cultura humana, el opus es el «hijo» del creador; es el resultado de su transformación psíquica individual y de su totalidad, y al mismo tiempo es una nueva entidad objetiva que despliega algo ante la humanidad, esto es, representa una forma de revelación creativa.

Precisamente porque para nosotros las fuerzas colectivas creadoras de símbolos, como los mitos y la religión, o los ritos y festivales, han perdido la mayor parte de su eficacia como fenómenos culturales que mantenían cohesionada a la colectividad, el principio creativo en el arte ha alcanzado tanta importancia en nuestra época. El arte, que hasta el Renacimiento era casi exclusivamente la criada de la religión, de la cultura o del Estado, ha adquirido una influencia cada vez mayor sobre la conciencia de nuestros días, tal como indica la abundancia de publicaciones sobre arte y artistas que hay en la actualidad. El alcance de este cambio se hace más evidente cuando consideramos la posición social de un genio como Mozart a finales del siglo XVIII, y la estima nacional o internacional de que hoy gozan los más afamados músicos, pintores y escritores. El individuo creativo parece disfrutar de tanto prestigio porque, en parte, ejemplifica la más profunda transformación posible en nuestra época; pero sobre todo porque el mundo que él crea, es una adecuada imagen de la realidad primordial, *una y unitaria*, aún no partida en dos por la conciencia, una realidad que sólo puede llegar a crear una personalidad que opere desde su totalidad.

La diferenciación de la conciencia, y también su hiperdiferenciación hasta la peligrosa unilateralidad y el desequilibrio, son los sellos de nuestra cultura, cuyo precario balance ya no puede repararse únicamente mediante la compensación natural de la psique. Pero un retorno a los viejos símbolos, un intento de asirse a lo que aún queda de los valores simbólico-religiosos, también parece condenado al fracaso. Porque nuestra comprensión de este simbolismo, e incluso nuestras declaraciones afirmativas sobre ellos, implican que el símbolo mismo haya brotado del ámbito numinoso de lo creativo e ingresado a la esfera de la asimilación consciente. Y a esto no puede alterarlo nuestro conocimiento, nacido de la experiencia, de que el símbolo encarna un factor numinoso trascendente a nuestra conciencia. Mientras una auténtica acción simbólica esté presente, siempre serán posibles las interpretaciones y los conflictos entre éstas —tal como la historia de todas las religiones lo atestiguan-; pero el objeto de la controversia serán realidades, no símbolos. Para simplificar: los desacuerdos acerca de los atributos de la divinidad, no el simbolismo de las representaciones de Dios.

El principio creativo ya no tiene su asiento en el simbolismo del canon cultural, sino en el individuo. Aquél ha dejado de residir en los favorecidos lugares santos, en lugares o fechas a él dedicados, o en hombres consagrados a él; y ahora es capaz de vivir en todos lados, dondequiera, de cualquier manera y en cualquier fecha, vale decir, de manera anónima. Debido a que en nuestro tiempo el principio creativo se esconde siempre en un anonimato que revela su origen sin necesidad de signos divinos, resplandores visibles, ni legitimidad demostrable, hemos ingresado a la pobreza espiritual que sugiere la leyenda judía acerca del Mesías vestido como mendigo, sentado a las puertas de Roma y en actitud de espera. ¿Qué es lo que está aguardando? Está aguardándote a ti. Esto significa que la redención creativa —y para los judíos, tal como sabemos, la redención aún no ha llegado- está disfrazada como un hombre común y corriente, un Cualquiera; y, todavía más, que su pobreza y su desamparo lo convierten en dependiente de la devoción que todo hombre mantenga hacia este Cualquiera. Ésa es nuestra situación. Nos encontramos frente al principio creativo. Dondequiera que encontremos al principio creativo, ya sea en el Gran Individuo o en un niño, en el enfermo o en la vida cotidiana, lo veneramos como el tesoro escondido que en su humildad encierra un fragmento de la divinidad.

Si la concepción del Antiguo Testamento de un hombre creado a imagen de Dios puede experimentarse como una realidad viviente, es básicamente porque el hombre, además de convertirse de este modo en criatura, es también una fuerza creativa que demanda satisfacción. Dondequiera que aparezca, esta fuerza creativa tiene la característica de una revelación, que está íntimamente ligada con la estructura psíquica a la cual y en la cual se ha manifestado. Para nosotros, el carácter de la revelación ya no es separable del individuo. El principio creativo está tan profundamente enraizado en el más profundo y oscuro rincón de su inconsciente, y en lo que es lo mejor y más elevado de su conciencia, que sólo podemos comprenderlo como el fruto de su entera existencia.

Una de las principales falacias acerca del principio creativo surge del énfasis que se le pone al desarrollo humano como si éste consistiera en un *progreso* que llevara del inconsciente a la conciencia. En la medida en que el desarrollo de la conciencia humana sea considerado como idéntico a la diferenciación y desarrollo del pensamiento, el hombre creativo, al igual que el grupo que en la festividad y el rito entra en contacto con las profundidades del inconsciente, tendrá que sumergirse en los mundos del simbolismo arcaico. Incluso si llegara a ser comprendido el carácter regenerativo de este fenómeno –a menudo es oscurecido bajo la noción de «sublimación"-, es común sostener que este modo regresivo y arcaico puede y debe ser superado con el creciente desarrollo. Esta actitud es subyacente a todo punto de vista así llamado científico, incluido el psicoanálisis, para el cual toda realidad simbólica, es decir, creativa, es esencialmente una fase «pre-científica» que debe dejarse atrás. Para esta orientación, el más elevado tipo humano es el exponente de la conciencia radicalmente racional, mientras que el hombre creador de símbolos, si bien no necesariamente neurótico, «en realidad» representa apenas un atavismo entre los tipos humanos. Dicha aproximación entiende de manera completamente equivocada la naturaleza del artista, del creador de símbolos: su desarrollo y logro creativos se derivarían de su fijación en una fase infantil de evolución. Con el símbolo sucede lo mismo; y también con la poesía, que, por ejemplo, es reducida a un «infantilismo mágico» que iría de la mano con «pensamientos de omnipotencia».

Hemos de subrayar nuevamente que la clave para una correcta comprensión no sólo del hombre, sino también del mundo, debe buscarse en la relación entre la creatividad y la realidad simbólica. Sólo si reconocemos que los símbolos reflejan una realidad más completa que aquella comprendida en los conceptos racionales de la conciencia, podremos apreciar el auténtico valor del poder que tiene el hombre para crear símbolos. Considerar al simbolismo como una etapa temprana en el desarrollo de la conciencia racional y conceptual, implica una peligrosa subestimación de los hacedores de símbolos y de las funciones que éstos cumplen, sin las cuales la especie humana nunca hubiera sido capaz de vivir ni hubiese encontrado que valiera la pena hacerlo.

Tampoco queremos decir que, en ciertos casos, el análisis reductivo de la creatividad y del hombre creativo no ofrezca auténticos hechos. Estos factores personales son significativos tanto en la terapia del hombre enfermo como en la biografía de los creadores. Pero el análisis de los procesos creativos empieza, precisamente, allí donde terminan las aproximaciones reductivas; empieza, pues, con la investigación de las conexiones existentes entre los factores personales y los contenidos arquetípicos, vale decir, con los contenidos del inconsciente colectivo. Es sólo en virtud de estas conexiones que el individuo se convierte en creativo y que su obra puede adquirir significado para la colectividad. De allí que un análisis reductivo del proceso creativo y del hombre creativo no sólo sea falso, sino que además represente un peligro para la cultura; ya que obstaculiza e incluso impide que los poderes creativos compensen a la cultura del desarrollo unilateral de la conciencia individual, exacerbando así el proceso que conduce tanto al individuo como a la cultura a la escisión neurótica.

Y como resultado de tal desarrollo, incluso desde el punto de vista del racionalismo unilateral, sucede el reverso de aquello que éste intentaba obtener. Puesto que la devaluación del inconsciente creador de símbolos trae consigo una severa escisión entre la conciencia racional y el inconsciente, la conciencia del yo, inadvertidamente, será avasallada por los poderes que niega y busca excluir. La conciencia se vuelve fanática o dogmática; o, en términos psicológicos, se ve abrumada por los contenidos inconscientes y resulta inconscientemente re-mitificada. Sigue reconociendo sólo dominantes racionales, aunque en realidad está sujeta a procesos que, debido a su condición arquetípica, son más fuertes que ella y a los que, ya perjudicada, no puede comprender. Es entonces que la conciencia conforma las religiones y mitos inconscientes que, en menor escala, vemos en el psicoanálisis, y que en mayor escala encontramos en el nazismo y el comunismo. Es el trasfondo pseudo-religioso de dichas posiciones dogmáticas lo que explica que eventualmente no puedan ser erradicadas. Dichos dogmas están enraizados en imágenes arquetípicas que la conciencia ha resuelto excluir; pero son pseudo-religiosas porque, en contraste con los auténticos contenidos religiosos, conducen a la regresión y disolución de la conciencia.

Incluso si estuviera justificado que la conciencia tenga a los poderes arquetípicos del inconsciente por arcaicos y hostiles a ella —lo que, ciertamente, no es el caso-, podría asegurar su desarrollo sólo «teniéndolos cuidadosamente en mente»; puesto que en el momento en que los perdiera de vista o los creyera no existentes, caería víctima de ellos sin tener conciencia de su desliz. Cuando consideramos la totalidad de la psique humana, en la cual el inconsciente y la conciencia son interdependientes tanto en sus contenidos como en sus funciones, resulta que la conciencia puede desarrollarse únicamente si preserva un nexo viviente con los poderes creativos del inconsciente.

El crecimiento de la conciencia no está limitado a darse cuenta de la existencia de un «mundo exterior»; en igual medida, este crecimiento abarca el cada vez mayor reconocimiento de la dependencia del hombre de fuerzas intrapsíquicas. Pero esto no debe tomarse como si fuera la «creciente» comprobación de una limitación subjetiva, de una «ecuación personal» que oscurece la manifestación objetiva de ese mundo exterior al que designamos como «realidad». No debemos olvidar que el mundo exterior que aprehendemos con nuestra conciencia diferenciada es sólo una fracción de la realidad, ni que nuestra conciencia se ha desarrollado y diferenciado como el órgano especializado en la aprehensión de esta particular fracción.

En otro lugar[6] hemos mostrado en detalle que pagamos un alto precio por la agudeza de nuestro conocimiento consciente, que está basado en la separación de los sistemas psíquicos y que disgrega al mundo unitario en la polaridad de psique y mundo. Este precio consiste, pues, en la drástica reducción de la realidad que experimentamos. Y también hemos señalado que la experiencia de esta realidad unitaria, es una forma de experiencia cualitativamente diferente, que aparece como «indistinta» desde el punto de vista de la conciencia desarrollada.

La experiencia de la realidad unitaria, que tanto filogenética como ontogenéticamente precede a la experiencia de la realidad por parte de la conciencia diferenciada, es eminentemente «simbólica». Los primeros psicólogos miraron hacia atrás desde el ventajoso punto de vista de la conciencia diferenciada y diseccionaron el símbolo en sus partes componentes, en la creencia de que algo interior era proyectado hacia el exterior. Sólo recientemente hemos llegado a ver la experiencia simbólica como una existencia primaria: la realidad unitaria es experimentada adecuadamente como totalidad por una psique que aún no se ha escindido a causa de la separación de los sistemas, o que ha dejado de estar escindida. Antiguamente se pensaba, por ejemplo, que la percepción simbólica de un árbol involucraba una proyección al exterior de algo interior; así, uno proyectaba una imagen psíquica sobre el objeto exterior o árbol. Pero esta tesis se ha demostrado insostenible aunque parezca plausible para la conciencia del Yo del hombre moderno, que experimenta el mundo unitario escindido en un interior y un exterior.

---

[6] Véase mi «Die Psyche und die Wandlung der Wirklichkeitsebenen:"

Tanto para nosotros como para el hombre primitivo, no hay un objeto árbol en el exterior y una imagen de árbol en el interior que pudieran ser considerados uno la recíproca fotografía del otro. La personalidad en su conjunto se orienta hacia la realidad unitaria; y su experiencia primaria de la parte intrínsecamente desconocida de la realidad que llamamos árbol, es simbólica. En otras palabras, la experiencia de tono afectivo del símbolo, con su contenido de sentido, es algo primario y sintético; es una imagen unitaria de una parte de la realidad unitaria. Por otro lado, las «imágenes perceptivas» interiores y exteriores son secundarias y derivadas. Una indicación de esto es que la ciencia de nuestra conciencia aislada y aislante, aún continúa descubriendo vestigios de símbolos en nuestras imágenes perceptivas, y porfía en llevarnos a un mundo sin imágenes que sólo puede ser pensado. Pero aún entonces nuestra psique persiste en percibir imágenes, y nosotros continuamos experimentando símbolos, aunque ahora sean símbolos científicos y matemáticos. Sin embargo, incluso nuestros más grandes matemáticos y físicos experimentan estas abstracciones simbólicas de la conciencia como algo numinoso; el factor emocional en el sujeto, por principio excluido previamente de la investigación científica, reaparece, «por así decirlo, en el objeto».

El desarrollo de la sustancia intrínsecamente desconocida, del intrínsecamente desconocido e irrepresentable mundo unitario, trae consigo una confrontación y diferenciación; con la ayuda de las imágenes, la psique se orienta y se adapta al mundo, de forma tal que es capaz de vivir y desarrollarse. Por esta razón, llamamos a dichas imágenes «adecuadas al mundo». Este desarrollo comprende imágenes simbólicas en las cuales se perciben las partes de la realidad unitaria. El subsecuente proceso de diferenciación consciente, con su esquema dual de interior y exterior, psique y mundo, escinde la imagen unitaria simbólica en dos: por un lado, una imagen interior, «psíquica»; por el otro lado, una imagen exterior, «física». En realidad, ninguna puede derivarse de la otra, puesto que ambas son imágenes parciales de la realidad unitaria simbólica que se escindió en dos. El árbol exterior es tan imagen como lo es el árbol interior. Al árbol exterior le «corresponde» una parte irrepresentable de la realidad unitaria, que sólo puede experimentarse de manera relativamente adecuada en la imagen; mientras que al árbol interior le corresponde una parte de la sustancia viva y experimentable, que al igual que la otra sólo puede experimentarse de manera relativamente adecuada. No podemos derivar la imagen parcial interior del árbol a partir del árbol exterior, puesto que a este último también lo experimentamos como imagen; tampoco podemos derivar la imagen parcial exterior del árbol a partir de la proyección de una imagen interna, puesto que esta imagen parcial interior es tan primaria como la exterior. Ambas surgen de la imagen primaria simbólica –árbol-, que es más adecuada a la realidad unitaria que sus derivados parciales, esto es, que las imágenes interiores y exteriores relacionadas con el escindido mundo secundario.

Pero la «imagen primaria simbólica» no es compleja, o extraña a nuestra experiencia. En ciertos estados de conciencia, que pueden alcanzarse de diversos modos, el «objeto en cuestión» se transforma para nosotros. El término *participación mística* posee implicancias similares, pero fue acuñado para algo muy alejado de la experiencia del hombre moderno. Cuando los objetos, un paisaje o una obra de arte, cobran vida o «se transparentan»,[7] significa que se transforman en lo que llamamos «realidad unitaria». Lo que vemos se torna «simbólico» en el sentido de que nos habla de una manera diferente, que nos revela algo desconocido, y que, en su presencia, tal cual es, es al mismo tiempo algo completamente distinto: las categorías del «ser» y «sentido» coinciden.

Un pasaje en el libro de Huxley, *Las puertas de la percepción*, aclarará lo que quiero decir con esto. Una transformación psíquica, inducida artificialmente por el consumo de mezcalina, condujo al autor a la percepción de la realidad unitaria.

«Ahora estaba buscando en un inusual arreglo de flores. Estaba contemplando lo que Adán vio en la mañana de su creación; el milagro, momento a momento, de su desnuda existencia.

«'¿Es agradable?', alguien preguntó. (Durante esta parte del experimento todas las conversaciones fueron

---

[7] Véase en este volumen «El arte y su época».

grabadas, por lo que me ha sido posible refrescar en mi memoria todo lo que se dijo.)

«'Ni agradable ni desagradable', respondí. '*Solamente es*'.

«Istigkeit –¿no era ésa la palabra que al maestro Eckhart le gustaba utilizar? 'Aseidad', el Ser de la filosofía platónica. Excepto que Platón parecía haber cometido el enorme, el grotesco error de separar el Ser del devenir y de identificarlo con la abstracción matemática de la Idea. El pobre hombre no hubiera podido ver nunca un ramillete de flores brillando con su propia luz interior ni mucho menos estremecerse bajo la presión del significado del que estaba cargado; nunca hubiera podido percibir que lo que la rosa, el iris y el clavel significaban tan intensamente, era nada más, y nada menos, que lo que eran, una transitoriedad que era sin embargo vida eterna, un perpetuo marchitamiento que era al mismo tiempo puro Ser, un puñado de particularidades insignificantes y únicas en las que cabía ver, por una indecible y sin embargo evidente paradoja, la divina fuente de toda existencia.»[8]

Este *insight* del modo simbólico que precedió a nuestra conciencia, parece justificar nuestra digresión teórica. Puesto que revela que la visión y producción del mundo simbólico de lo arquetípico, tan natural en la religión como en los rituales, mitos, arte y festividades, no sólo implican un factor atávico y un elemento regenerador que surge de la carga emocional. En cierto sentido, se caracterizan precisamente por el hecho de que en ellos hay aprehendido un fragmento de la realidad unitaria; esto es, una realidad más profunda, más primordial y al mismo tiempo más completa que, en lo fundamental, somos incapaces de aprehender por medio de las funciones de nuestra conciencia diferenciada, debido a que su desarrollo está orientado hacia una percepción más aguda de los fragmentos de la realidad polarizada. En la diferenciación de la conciencia parecería que estuviéramos haciendo lo mismo que cuando cerramos los ojos para afinar

---

[8] Aldous Huxley, *Las puertas de la percepción.*

nuestra escucha, tal como cuando decimos que «somos todo oídos». Sin duda, esta exclusión agudiza e intensifica nuestra audición. Pero al excluir a los demás sentidos percibimos sólo un fragmento de la realidad sensorial, la cual experimentaríamos de manera más completa si no sólo escucháramos, sino si además viéramos, oliéramos, gustáramos y tocáramos.

No hay nada místico acerca de la realidad unitaria simbólica, tampoco se encuentra más allá de nuestra experiencia; es el mundo que siempre es experimentado dondequiera que la polarización en interior y exterior, resultante de la separación de los sistemas psíquicos, aún no ha sido efectuada o ya no tiene vigencia. Es el auténtico y completo mundo de la transformación, tal como lo experimenta el hombre creativo.

II

Todo proceso de transformación o creativo implica diversas etapas de *posesión*. Ser movido, cautivado, embelesado, significa ser poseído por algo; y sin la fascinación ni la tensión emocional relacionadas con ello, ninguna concentración, interés perdurable, ni proceso creativo son posibles. Toda posesión puede justificadamente interpretarse ya sea como un estrechamiento unilateral o ya sea como una intensificación y profundización. La exclusividad y radicalidad de dicha «posesión» representa tanto una oportunidad como un peligro. Pero no es posible obtener ningún gran logro si uno no acepta el riesgo; aunque la noción de «aceptación del riesgo», implícita en el mito del héroe, presuponga mucha más libertad que lo que en realidad posee el Yo dominado. La acción de los complejos autónomos presupone la desunión de la psique, cuya integración es un proceso interminable. El mundo y el inconsciente colectivo en los cuales vive el individuo, se encuentran fundamentalmente más allá de sus dominios; lo máximo que él puede hacer es experimentarlos e integrar partes cada vez mayores de éstos. Pero los factores no integrados no sólo son causa de alarma, también son la fuente de la transformación.

No sólo los «grandes» contenidos del mundo y de la psique, ni las fatales irrupciones y las experiencias arquetípicas, son quienes portan en su interior las semillas de la transformación; los «complejos», las almas parciales que no son simples desórdenes hostiles sino también componentes naturales de nuestra psique, son igualmente promotores e instigadores positivos de la transformación.

Hemos señalado que normalmente el individuo se adapta al canon cultural por medio del vínculo existente entre los complejos y los arquetipos. En la medida que la conciencia se desarrolla, las relaciones personales con el entorno reemplazan progresivamente el nexo de la psique infantil con los arquetipos, y las ataduras con los grandes arquetipos de la infancia se transfieren al canon arquetípico que prevalezca en la cultura de pertenencia. Esto ocurre gracias al énfasis cada vez mayor en el yo, en la conciencia y en el entorno. El mundo de la infancia, con su acento en la totalidad, en contacto directo con el Sí-Mismo, es reprimido en favor de la normal adaptación. También en el hombre creativo surge un vínculo entre los complejos personales y las imágenes arquetípicas. Pero, a diferencia del hombre normal, en su caso no es la adaptación al principio de realidad que representa el canon cultural lo que permite asimilar dicho vínculo.

Tal como sabemos, el psicoanálisis pretende derivar la creatividad de una deficiencia en la constitución psicológica del individuo. Simplificando, esto podría denominarse un exceso de libido, que causaría una infancia insatisfecha y por lo tanto una fijación en ella. El psicoanálisis aplica a rajatabla al hombre creativo todos los esquemas válidos para el hombre promedio: fijación pre-edípica, ansiedad de castración, formación del superego, y complejo de Edipo. Y a este exceso de libido y a su supuesta «sublimación», los hace responsables de la anormal solución del problema de la infancia, así como de su contrario. Desde este punto de vista, el hombre creativo representa una variante altamente dudosa de la naturaleza humana: permanece fijado en la infancia y nunca madura más allá de la etapa pre-científica del simbolismo. La sublimación y el reconocimiento por parte de la colectividad, significaría, entonces, que el artista ayuda al resto de hombres a disfrutar de un infantilismo muy bien disfrazado, lo que se conoce como elaboración secundaria. En el arte los hombres «abreaccionan» sus propios complejos infantiles, considerando al igual que Edipo, Hamlet o Don Carlos matar a su propio padre. (Incluso en el hombre normal esta esquematización, aquí construida de manera personalista, se relaciona con constelaciones arquetípicas que son bastante más profundas.)

Pero la diferencia entre el hombre creativo y el hombre normal no consiste, tal como supone la escuela psicoanalítica, en un exceso de libido; sino en una tensión psíquica intensificada que está presente desde el inicio en el hombre creativo. En él, una especial animación del inconsciente, y un igualmente vigoroso énfasis en el Yo y en su desarrollo, son demostrables en una etapa muy temprana.

Esta aguda tensión psíquica y un Yo que la sufre, refleja el especial estado de alerta del hombre creativo. Usualmente la posee incluso desde niño, pero esta alerta no es idéntica a la reflexión consciente de un intelecto precoz. El estado infantil del individuo creativo está caracterizado de la mejor manera en las palabras de Hölderlin: «*und schlummert wachenden Schlaf*» ("y sueña mientras camina despierto").[9] En este estado de alerta el niño está abierto a un mundo, a una arrolladora realidad unitaria que lo rebasa y domina por todos lados. En simultáneo protegido y expuesto, esta suerte de sonámbulo, para quien aún no hay interior ni exterior, es la inolvidable posesión del hombre creativo. Es el periodo en el que el mundo es uno e indiviso, infinito y más allá del alcance del yo, y se levanta detrás de todo dolor y de todo goce. En esta experiencia infantil, todo contenido personal está absorbido por un contenido transpersonal arquetípico; mientras que, recíprocamente, lo transpersonal y lo arquetípico está siempre situado dentro de lo personal. Una vez que apreciamos qué significa experimentar tal unidad de lo transpersonal y lo personal, en la cual el Yo y la humanidad son uno, comenzamos a preguntarnos cómo es posible, mediante qué senderos y qué esfuerzos, superar y olvidar esta experiencia fundamental, cosa que el hombre promedio es capaz de llevar a cabo con la ayuda de su educación. Y dejamos de maravillarnos, asimismo, de que el hombre creativo permanezca fijado en esta etapa y en esta experiencia.

De la infancia en adelante, el individuo creativo es cautivado por su experiencia de la realidad unitaria de la infancia; regresa una y otra vez a las grandes imágenes jeroglíficas de la existencia arquetípica. Estos individuos se reflejaron por primera vez en la fuente de la infancia y allí permanecen hasta que, al recordarlos, nos inclinamos sobre el borde de la fuente y los redescubrimos, por siempre iguales.

Es verdad que todas las tendencias normales están igualmente presentes en el hombre creativo, y también que las lleva a cabo hasta cierto punto, pero su destino individual se cruza en el camino de su normal desarrollo. Dado que su naturaleza lo previene de alcanzar el normal desarrollo del hombre promedio,

---

[9] «At the source of the Danube," en *Hölderlin* (tr. Michael Hamburguer), p. 16.

con su recetada adaptación a la realidad, incluso este joven es a menudo anormal tanto en un sentido bueno como en uno malo. Su conflicto con el entorno suele comenzar a una edad temprana, con una intensidad que parece patológica puesto que, precisamente en la infancia y en la juventud, el creativo y el anormal y el patológico se encuentran en estrecha cercanía. Esto es así porque, oponiéndose a las demandas del canon cultural, el hombre creativo se acoge al mundo arquetípico y a sus originarias bisexualidad y totalidad, o, en otras palabras, a su Sí-Mismo.

En el hombre creativo, esta constelación aparece primero como una fijación al entorno infantil y a las personas y lugares fatídicos de su infancia. Pero en su caso, e inclusive en un grado mayor que en otras infancias, lo personal siempre está entremezclado con lo suprapersonal: la localización personal de un mundo invisible. Y este mundo no es meramente un mundo «infantil»; es el auténtico mundo real, o, tal como lo llama Rilke, el mundo «abierto».

Amor, el posesivo, rodea al niño por siempre traicionado en secreto; y le promete un futuro que no es el suyo.

Tardes hay en las que, a solas, se mira de espejo en espejo,
observando fijamente; y preguntándose la adivinanza de su propio nombre: ¿Quién? ¿Quién? Pero los demás vuelven a casa y lo abruman.
Que la ventana, que el sendero, que el olor a guardado del cajón que le confiaron ayer: ahogado en esa presencia, frustrado.
Una vez más es la posesión de los demás.
En ocasiones las ramas se desprenden de los espesos arbustos, de la misma manera desea desprenderse de la maraña de su familia, desplazarse hacia el claro.

> **Pero día a día continúan oscureciendo su**
> **brillo dentro de los muros habituales, ese**
> **elevado brillo que se encuentra con perros**
> **y al que opacan las flores más altas**
> **una y otra vez.**[10]

Pero la apertura –aquí hablamos del niño, cuya creatividad es más fácil de comprender que la de la niña- siempre coincide con feminidad. En el hombre creativo este principio, este motivo de transformación, que en el hombre adulto se vuelve discernible en tanto «ánima», usualmente está asociado con la imagen de lo maternal.[11] Esto vuelve receptivo al niño, abierto al sufrimiento y a la experiencia, pero también a lo que es grandioso y arrollador en el mundo; esto mantiene con vida la corriente que le llega a raudales desde el exterior. No resulta difícil imaginar ni comprender que esta constelación sea muy rica en conflictos y que haga de la adaptación algo sumamente difícil, a menos que la naturaleza haya sido especialmente amable en lo que respecta a esta mezcla de elementos.

En todo individuo creativo el acento recae, incuestionablemente, sobre el componente receptivo desde el principio; pero no debemos olvidar que este mismo acento prevalece en el niño, ni que, a menudo, se requiere un gran esfuerzo antes de que una educación orientada hacia los valores culturales sexualmente unilaterales pueda superarlo. No obstante, la preservación de cierta receptividad es al mismo tiempo la preservación de la propia individualidad, un estado de alerta hacia el propio Sí-Mismo personal –ya sea experimentado como privación, como misión o como necesidad- que ahora entra en conflicto con el mundo, con la convención, con el canon cultural o con, según el antiguo patrón del mito del héroe, la tradicional imagen del padre. Y debido a que se preserva la dominancia del arquetípico mundo primordial, y debido también a que el canon cultural no lo sustituye, el desarrollo de la personalidad y de la conciencia se encuentra sujeto a una ley distinta a la que rige en el caso del hombre normal.

---

[10] R. M. Rilke, *Correspondende in verse with Erika Mitterer* (tr. N. K. Cruickshank), p. 35.
[11] Véase en este volumen «Leonardo da Vinci y el arquetipo de la Madre».

La dominancia del arquetipo de la madre en numerosos escritores y artistas, no es explicada correctamente por la relación del niño con su madre personal. Encontramos tanto buenas como malas relaciones; encontramos madres que han muerto jóvenes y otras que han vivido hasta una edad muy avanzada; encontramos madres con personalidades autoritarias y otras con personalidades insignificantes. La razón de esto –tal como lo reconoce el psicoanálisis- es que el factor determinante no es la relación del Yo adulto con la madre, sino la del Yo infantil con ésta. Pero la relación del niño pequeño con su madre está moldeada por el arquetipo de la madre, que siempre está mezclado con la imago materna, imagen subjetiva de la experiencia de la madre personal.

En el curso del desarrollo normal, la importancia del arquetipo de la madre disminuye; en su lugar cobra forma la relación personal con la madre personal, y a través de ésta el individuo desarrolla una gran parte de su capacidad para relacionarse con el mundo y con el resto de varones en general. Cuando esta relación se altera, las consecuencias son la neurosis y la fijación en la fase correspondiente a la original relación con la madre, que surgen cuando no se ha cumplido un requisito básico para el desarrollo saludable del individuo. Pero cuando el arquetipo de la madre permanece como el dominante y el individuo no cae enfermo, lo que tenemos es una de las fundamentales constelaciones del proceso creativo.

En otro lado hemos enfatizado el significado del arquetipo de la madre para el hombre creativo; aquí sólo quiero destacar que la Madre Buena (o la Terrible) es, entre otras cosas, un símbolo de la determinante influencia del mundo arquetípico como totalidad, una influencia que puede llegar a alcanzar el nivel biopsíquico. La prevalencia del arquetipo de la Gran Madre marca la prevalencia del mundo arquetípico, que es el fundamento del desarrollo de la conciencia, del mundo infantil, en el cual el desarrollo filogenético de la conciencia y del Yo se repite ontogenéticamente a partir del mundo arquetípico primordial.

La transición desde el complejo personal, pasando por el mundo de fantasía predominantemente arquetípico, hasta llegar a la conciencia, conduce normalmente al individuo a un retroceso de la tendencia hacia la totalidad en favor de un desarrollo del Yo que está guiado por el canon cultural y la consciencia colectiva, esto es, por el superego de la tradición ancestral y la consciencia introyectada. El hombre creativo, sin embargo, es estigmatizado por su fracaso a la hora de abandonar las directivas del Sí-Mismo hacia la totalidad y, en consecuencia, adaptarse a la realidad del entorno y de sus valores dominantes. El hombre creativo, al igual que el héroe del mito, se mantiene en conflicto con el mundo de los padres, esto es, con los valores colectivos dominantes, porque en él el mundo arquetípico y el Sí-Mismo que a éste dirige constituyen experiencias tan avasallantes, vivas y directas que no pueden ser reprimidas. El individuo normal es dispensado de su misión heroica en virtud de su educación, que lo encamina hacia la identificación con el arquetipo del padre, de modo tal que acaba convertido en un miembro bien adaptado de su grupo patriarcalmente dirigido. En el hombre creativo, sin embargo, con su predominante arquetipo de la madre, el Yo débil y vacilante debe recorrer el ejemplar y arquetípico camino del héroe; debe asesinar al padre, destronar al convencional mundo del canon tradicional y buscar una desconocida autoridad directiva, precisamente, el Sí-Mismo que es tan difícil de experimentar, el desconocido Padre Celestial.

En el individuo creativo, al margen de sus detalles biográficos, el análisis reductivo encontrará invariablemente la fijación a la madre y el parricidio, esto es, el complejo de Edipo; el «romance familiar», esto es, la búsqueda del padre desconocido; y el narcisismo, esto es, la preservación de una relación consigo mismo en oposición a un amor al entorno y al objeto exterior.

Esta relación del hombre creativo consigo mismo, involucra una duradera e insuperable paradoja. Este tipo de innata receptividad lo hace sufrir profundamente por sus complejos personales. Pero desde el inicio este sufrimiento, debido a que siempre experimenta sus complejos personales junto con sus correspondencias arquetípicas, no es sólo personal y privado; sino que, al mismo tiempo, es un sufrimiento existencial profundamente inconsciente, que surge de los problemas humanos fundamentales que se constelan en todo arquetipo.

En consecuencia, la historia individual de todo hombre creativo es siempre cercana al abismo de la enfermedad. A diferencia de otros hombres, él no intenta curar sus heridas personales, propias de todo desarrollo, mediante una creciente adaptación a la colectividad. Sus heridas permanecen abiertas; pero su sufrimiento a causa de ellas está situado en profundidades de las cuales surge otro poder curativo, y este poder curativo es el proceso creativo.

Tal como el mito lo presenta, sólo un hombre herido puede ser un sanador, un médico.[12] Debido a su propio sufrimiento, el hombre creativo experimenta las profundas heridas de su colectividad y época, y también porta en sus profundidades una fuerza regeneradora capaz de proporcionar la cura no sólo a él mismo, sino también a la comunidad.

Esta compleja sensibilidad del hombre creativo incrementa su dependencia del centro de su totalidad, el Sí-Mismo; el cual, en un continuo intento de compensación, realza el desarrollo y estabilidad del yo, que deben proporcionar el contrapeso necesario frente a la preponderancia arquetípica. En la perpetua tensión entre el animado y amenazante mundo arquetípico y un Yo reforzado con propósitos de compensación, pero que no encuentra ningún soporte en el arquetipo del padre, el Yo sólo puede descansar en el Sí-Mismo, el centro de la totalidad individual, el cual, sin embargo, es siempre infinitamente más que el yo.

Una de las paradojas de la existencia del hombre creativo, es que él experimenta esta adhesión al Yo casi como un pecado contra el poder suprapersonal de los arquetipos que lo retienen. Sin embargo, él sabe que éste es el único medio posible que les permite, tanto a él como a los poderes que lo dominan, cobrar forma y expresarse. Este hecho fundamental constela la profunda ambivalencia personal del hombre creativo; pero es a través de ella que alcanza la individuación en su obra, desde que está obligado a buscar el centro si lo que quiere es existir. Mientras que una vida normal, que está de acuerdo con los dictados del Yo ideal, demanda la represión de la sombra, la vida del hombre creativo, por el contrario, está moldeada tanto por el sufrimiento que él mismo conoce como por el tono placentero de la expresión

---

[12] C. Kerényi, *Asklepios: Archetype of thr physician's existence*.

creativa de la totalidad, por la placentera habilidad de permitir que lo más bajo y lo más elevado de él vivan y cobren forma juntos.

Este fenómeno de formación a partir de la totalidad, no tiene nada que ver con la «sublimación» en su usual acepción, y tampoco tiene sentido reducir esta totalidad a componentes infantiles; por ejemplo, derivar de un afán de exhibicionismo el hecho fundamental de que el hombre creativo expresa algo de sí mismo, que una parte esencial de su subjetividad individual se pone de manifiesto en su obra. Dicha reducción es tan injustificada como el absurdo y grotesco intento de explicar el hábito de Rilke de «cargar con sus materiales durante años antes de darles forma final y luego despedirse de ellos,» mediante el expediente de un supuesto erotismo anal.[13]

En efecto, en el hombre creativo las actitudes que en el infante y el niño aparecen en el plano físico como fenómenos humanos universales, y que en el enfermo se fijan igualmente en este plano en tanto perversiones y síntomas, dejan de expresarse o por lo menos dejan de encontrar su principal forma de manifestación en el plano físico. Han encontrado un nivel totalmente distinto y nuevo de expresión y significado psíquico; no sólo significan algo, sino que también *son* algo distinto.

Hace casi ya cuarenta años, Jung estableció que la disposición del niño no era perversa polimorfa sino polivalente, y que, tal como lo sostuvo entonces, «incluso en la vida adulta los vestigios de la sexualidad infantil son las semillas de ulteriores funciones espirituales vitales.»[14] Hoy, por razones cuya explicación nos alejaría demasiado de nuestro tema, prefiero hablar no de sexualidad infantil, sino más bien de experiencias infantiles en el plano corporal. Dichas experiencias siempre contienen factores arquetípicos y mundanos. Y como para el niño, al igual que para el hombre primitivo, no existe cosa similar a un factor «meramente» corporal, su experiencia del mundo unitario incluye de manera regular lo que nosotros describiremos posteriormente como elementos simbólicamente significativos.

El individuo normal pasa por la misma experiencia, por ejemplo, en la sexualidad, donde lo personal y lo arquetípico, lo

---

[13] E. Simenauer, *Rainer Maria Rilke, Legends und Mythos*, p. 596.
[14] Jung, «Conflictos del alma infantil", Prólogo.

corporal, psíquico y espiritual se experimentan, momentáneamente al menos, como una unidad. Esta experiencia realzada de la unidad es análoga a la del niño y a la del hombre creativo. El proceso creativo es sintético, precisamente porque en él se mezclan lo transpersonal, esto es, lo eterno, y lo personal, esto es, lo efímero; de forma tal que algo completamente único sucede: lo perdurable y eternamente creativo se actualiza en una creación efímera. En términos comparativos: todo lo que es solamente personal, es perecedero e insignificante; y todo lo que es exclusivamente eterno, es inherentemente irrelevante porque nos resulta inaccesible. Y, por consiguiente, toda experiencia de lo transpersonal es una revelación limitada, esto es, una manifestación acorde con la modalidad y amplitud de nuestro poder de comprensión que hará las veces de recipiente.

Para el hombre creativo esto es fundamental, al margen de que sea o no consciente de ello. Él se abre a lo transpersonal; o, sería mejor decirlo así, sólo es creativo el hombre que se conserva abierto a lo transpersonal, el hombre para quien la experiencia de la etapa infantil, que da por sentado esta apertura a lo transpersonal, aún no haya muerto. Esto, debemos añadir, no tiene nada que ver con un interés en la infancia ni con el conocimiento consciente que se tenga de ella. Lo que en el hombre creativo siempre se consideró como infantil, es precisamente su apertura al mundo, una apertura merced a la cual el mundo es recreado todos los días. Y es esto lo que lo convierte en perpetuamente consciente de su obligación de purificar y ampliar su condición de recipiente, de dar adecuada expresión a lo que brota de él, y de fundir lo arquetípico y eterno con lo individual y efímero.

En Leonardo, en Goethe, Novalis, o en Rilke, por ejemplo, la experiencia del niño, que normalmente permanece silenciosa, y el arquetipo de la Gran Madre, que por lo demás sólo nos resulta conocido gracias a la historia de los hombres primitivos y a la religión, adquiere vida nueva. Ya no coinciden únicamente con la imagen arcaica que de ellos tenía la humanidad en sus comienzos, sino que ahora también abarcan por completo el subsecuente desarrollo de la conciencia y del espíritu humano. La imagen del arquetipo de la madre, a la que siempre se le ha dado forma creativa, se revela mostrando rasgos arcaicos y simbólicos que son comunes a los que muestran la imagen de la madre de la humanidad primitiva y de la primera infancia. Pero la diosa de la naturaleza y la Santa Ana de Leonardo, el natural y Eterno Femenino de Goethe, la noche y la Virgen de Novalis, la noche y la amante femenina de Rilke, son todos nuevas formas creativas de lo Uno; son nuevas y supremas manifestaciones. Detrás de éstas se yergue la «presencia eterna» del arquetipo; pero, al mismo tiempo, el hombre creativo —y es allí donde radica su logro- experimenta y le da forma a esta «eternidad», que está sujeta a permanente cambio y que constantemente asume nuevas formas, a través de las cuales su época y él mismo se ven transformados.

Uno de los hechos fundamentales de la existencia creativa, es que ésta produce algo objetivamente significativo para la cultura, y que, al mismo tiempo, estos logros siempre representan fases subjetivas de un desarrollo individual, esto es, de la individuación del hombre creativo. La psique lleva a cabo su «lucha creativa contra la corriente» de la normal adaptación directa a la colectividad; pero lo que comenzó como la compensación del complejo personal por parte del arquetipo, conduce a una permanente activación y animación del mundo arquetípico como totalidad, que de allí en adelante aferrará al hombre creativo. Un arquetipo conduce a otro, a uno relacionado; de modo tal que las demandas continuamente renovadas del mundo arquetípico, sólo pueden verse satisfechas a través de la permanente transformación de la personalidad y del logro creativo.

Debido a que el individuo creativo enfrenta o, más bien, se ve sujeto a esta permanente confrontación con el mundo arquetípico, se convierte en el instrumento de los arquetipos que se constelan en el inconsciente de la colectividad en cuestión; arquetipos que son absolutamente necesarios para la colectividad como vía de compensación.[15] Pero a pesar del significado que el hombre creativo tiene para su época, éste se encuentra lejos de alcanzar siempre y en todos los casos directa e inmediata influencia, por no mencionar reconocimiento por parte de sus contemporáneos. Y esta discrepancia, que de ninguna manera desmerece la función esencial que el individuo creativo desempeña

---

[15] Cf. «El arte y su época».

168

en su comunidad, inevitablemente lo obliga a preservar su autonomía e incluso a luchar por ella frente a la colectividad. De este modo, tanto la situación subjetiva como también la objetiva que hemos señalado, arrojan al hombre creativo de vuelta a él mismo. Su resultante soledad con respecto al entorno y a los demás, puede fácilmente malinterpretarse como narcisismo. Pero aquí debemos aprender a distinguir entre la deficiente adaptación del neurótico, cuya fijación en el Yo lo vuelve casi incapaz de relacionarse con otros, y la deficiente adaptación del hombre creativo, cuya fijación en el Sí-Mismo le dificulta relacionarse con el resto de personas.

El simbolismo del proceso creativo contiene algo regenerador para su época; es el semillero de los desarrollos futuros. Pero esto es posible solamente porque lo que emerge en el trabajo creativo no sólo es individual sino también arquetípico, una parte de la realidad unitaria que es duradera e imperecedera, desde que en ella lo real, lo psíquico y lo espiritual aún conforman una unidad.

El proceso creativo efectuado en la tensión entre el inconsciente y la conciencia centrada en el yo, representa una directa analogía respecto a lo que Jung llamó la «función trascendente». La jerarquía de los procesos creativos depende de los diversos grados en que el Yo y la conciencia se ven inmersos en éstos. Cuando el inconsciente produce algo sin la participación del yo, o donde el Yo permanece puramente pasivo, tenemos un nivel bajo de creatividad; el nivel se eleva con el incremento de la tensión entre el Yo y el inconsciente. Pero la función trascendente y el símbolo unificador sólo pueden aparecer cuando existe una tensión entre una conciencia estable y un inconsciente «cargado». Dicha constelación conduce normalmente a la represión de uno de los polos: a la victoria de la conciencia estable, o a la capitulación de la conciencia y a la victoria de la posición inconsciente. Sólo si se soporta esta tensión –lo que siempre conlleva un estado de sufrimiento- puede nacer un tercer término que «trascienda» o supere los opuestos, de modo tal que, combinando partes de ambas posiciones, conforme así una nueva y desconocida creación.

El símbolo vivo no puede producirse en un espíritu obtuso o poco desarrollado, pues semejante espíritu se dará por contento con el símbolo ya existente, tal como lo ofrece la tradición. Sólo el apasionado anhelo de un espíritu muy desarrollado, al que el símbolo ofrecido no le transmite ya la suprema conjunción en *una* expresión, puede engendrar un nuevo símbolo. Pero dado que el símbolo brota precisamente de la conquista espiritual suprema y última de ese espíritu y a la vez ha de incluir los más hondos fundamentos de su ser, el símbolo no puede brotar unilateralmente de las funciones mentales más altamente desarrolladas, sino que ha de surgir también, en igual medida, de los movimientos más bajos y primitivos de su psique. Para que sea posible tal cooperación de estados opuestos, es preciso que ambos coexistan de modo conciente en plena oposición. Tal estado tiene que ser una violentísima discordia consigo mismo, y, ciertamente, en el sentido en el que la tesis y la antítesis se niegan recíprocamente y el Yo tiene que reconocer, sin embargo, su participación incondicional en ambas.[16]

Uno de los polos de esta tensión viene dado por la conciencia del hombre creativo, por su voluntad e intención de producir una obra. Normalmente, el hombre creativo no carece de propósito ni de dirección. Pero independientemente de su intención, tal como sabemos por las innumerables declaraciones de estas personas, a menudo el inconsciente irrumpe siguiendo «su propia voluntad», que de ninguna manera coincide con la voluntad individual. (Por citar un ejemplo, el ciclo de *José y sus hermanos*, de Thomas Mann, que en un inicio estuvo planificada como relato breve, terminó ampliándose hasta tomar la forma de una novela que le demandó al autor diez años de esfuerzo.) Pero a pesar de esta autonomía del inconsciente, el mundo arquetípico no muestra hostilidad en su oposición polar a la conciencia; puesto que una parte de la conciencia del hombre creativo es siempre receptiva y permeable, y está dirigida hacia el inconsciente. De esta manera, en los más grandes hombres creativos, los contenidos reprimidos por

---

[16] Jung, *Tipos Psicológicos*, def. «Símbolo».

la consciencia colectiva no emergen como poderes hostiles, puesto que también están constelados por el Sí-Mismo del individuo, por su totalidad.

Los lazos del hombre creativo con las raíces y fundamentos de la colectividad se expresan quizá de la manera más hermosa en estas palabras de Hölderlin:

Los pensamientos del espíritu comunal llegan a un silencioso fin en el alma del poeta.[17]

Pero el producto del hombre creativo, como parte de su desarrollo, está siempre ligado a su «mera individualidad», su infancia, su experiencia personal, a las tendencias de su Yo hacia el amor y el odio, sus alturas y su sombra. En efecto, la alerta de su conciencia le permite al hombre creativo «conocerse a sí mismo» y «sufrir por él mismo» más de lo que le está permitido al hombre promedio. Su duradera dependencia de su Sí-Mismo lo fortalece contra la seducción de un Yo ideal colectivo, pero a la misma vez lo hace más sensible a la constatación de su propia inadecuación a él mismo, a «sí-mismo». A través de este sufrimiento debido a su sombra, a las heridas que permanecen abiertas desde la infancia —que son las puertas a través de las cuales fluye la corriente del inconsciente, aunque el Yo no deje nunca de sufrir a causa de ellas-, el hombre creativo adquiere la humildad que lo previene de sobrestimar al yo; básicamente porque sabe que se encuentra a merced de su totalidad, del desconocido Sí-Mismo que habita en su interior.

Su naturaleza infantil, así como su inadecuación al mundo exterior, deja en él el recuerdo de un mundo primordial y también la feliz sensación de que, de vez en cuando, puede mostrarse alineado y hasta receptivo con este último. Pero en el hombre creativo la receptividad y el sufrimiento, que proceden de una sensibilidad más elevada, no se limitan a la infancia ni al mundo arquetípico —cabría decir también «real», «grandioso» e incluso «de valor"- que en ella se experimenta. Siempre y en todo lugar, ciertamente, es impulsado a redescubrir, reavivar y darle forma a

---

[17] «To the poets" (tr. Hamburguer), p. 163.

este mundo. Pero no lo encuentra como si lo buscara fuera de él; por el contrario, él sabe que este encuentro con la realidad plena, con el mundo unitario, depende de su propia transformación hacia la totalidad. Por esa razón él debe, en toda circunstancia, en toda constelación, reeditar la apertura, sólo a través de la cual puede hacer su ingreso el mundo unitario.

Pero si bien el proceso de formación, especialmente en los más grandes hombres creativos, a menudo es largo y arduo y requiere los más agotadores esfuerzos por parte del Yo y de la conciencia, el encuentro de la propia profundidad y del ser que en ella se asienta, al igual que en todo proceso de transformación auténtico, no radica en un acto voluntario ni mágico, sino que es un evento que ocurre por la gracia de Dios. Esto no minimiza el peso de la obra, sino que por el contrario la realza; desde que, en la misteriosa correspondencia entre el Sí-Mismo y el yo, este último, ya sea con razón o no, asocia su propia responsabilidad hacia el trabajo a sus propias culpa e impericia.

Aunque el proceso creativo a menudo posee un tono placentero y no siempre está dominado por el sufrimiento, la tensión interna del sufrimiento de la psique forma el problema que habrá de ser resuelto solamente en la producción de la obra. En el sufrimiento que el hombre creativo debe experimentar en este continuo enfrentamiento con el inconsciente y consigo mismo, la ascendente transformación que constituye su proceso de individuación asimila todas las fallas, derrotas, fracasos, durezas, miserias y enfermedades de la vida humana, que normalmente son esquivadas y atribuidas a la sombra y al Diablo como elementos negativos opuestos al Yo ideal.

Pero la unidad del Yo y del Sí-Mismo, que determina el proceso creativo como tal, también contiene las zonas de rigidez y caos que amenazan la vida del hombre consciente. En ámbitos creativos, estas zonas dan origen a un tercer término las abarca y trasciende: la forma. Ambas antítesis tienen una parte en ella, puesto que la rigidez y el caos son los dos polos que vienen a unirse en la forma; la cual, a su vez, se ve amenazada desde ambos lados, esto es, por la esclerosis y por la desintegración caótica respectivamente.

Pero no sólo en la unión de la forma lo negativo se ve redimido, ya que el hombre creativo siempre encuentra una fuente de crecimiento y transformación en su sombra y en su propia deficiencia.

> **Puesto que a lo que nos perturba y nos asusta**
> **Le debemos desde el inicio una obligación sin límites.**
> **La muerte siempre toma una parte en su creación:**
> **Así es como la inaudita canción fue compuesta.**[18]

Aquí «muerte» significa lo terrible y lo peligroso, así como las barreras de la debilidad humana. Es todo lo que golpea al Yo en la forma de sufrimiento y ruina. Al alabar a la muerte como prerrequisito de toda transformación que mezcla vida y muerte, el poeta se subsume en el dios creativo mismo, el dios de la creación que se ofrece y que *es* vida y muerte. Y el poeta habla de sí mismo y de la divinidad cuando pone estas palabras en boca del Creador:

> **Porque hay un impulso en mis obras**
> **Que conduce a una creciente transformación.**[19]

A riesgo de concluir una declaración incompleta con otra igualmente incompleta, me gustaría cerrar esta parte con el análisis de uno de los poemas de Rilke. La interpretación de un poema nunca podrá ofrecer más que un vistazo, una insinuación; pero lo que podría justificar nuestro intento, es que este poema proporciona expresión única a las relaciones de las que hoy nos hemos ocupado.

A riesgo El poema en cuestión es el duodécimo soneto en la segunda serie de los *Sonetos de Orfeo*:

Quiere la transformación. Oh, sé exaltado por la llama
en la que algo se te hurta que proclama las metamorfosis;
el Espíritu proyectador que señorea las cosas terrestres
en la curva de la figura estima sobre todo la inflexión.

---

[18] Rilke, *Correspondende in verse with Erika Mitterer* (tr. N. K. Cruickshank), p. 85.
[19] Rilke, «Die Worte des Herrn an Johannes auf Patmos," *Gedichte 1906-1926*, p. 571. (Traducción no publicada de J. M. Cohen.)

Lo que se encierra en la permanencia está ya petrificado,
¿se juzga acaso al abrigo del gris inaparente?
Espera. Lo durísimo anuncia de lejos la dureza.
Dolor: el martillo ausente se suspende.

Quien como fuente mana es conocido por el conocimiento
y guiado y fascinado a través de la creación serena
que a menudo concluye en el principio y por el fin comienza.

Todo venturoso espacio es hijo o nieto de la separación
que asombrados transponen. Y Dafne metamorfoseada,
sensitivo laurel, te quiere convertido en viento.[20]

Un crítico escribió: «Uno se siente tentado a relacionar este poema con las palabras de Goethe acerca de recrear la creación para que la mano de ésta no quede rígida.»[21] Pero la segunda estrofa del soneto no tiene nada que ver con la naturaleza de Goethe que contiene la vida y la muerte, sino que está basada en la experiencia apocalíptica de la visión; no es la declaración de ningún principio anónimo, más bien está expresada en el nombre del Dios que le dijo a San Juan en Patmos:

Para mí aprender no es nada,
Puesto que Yo soy la caída del fuego
Y mi brillo se bifurca, como el relámpago.
Ves, nunca permito que se rezague.[22]

Y en las líneas:

O inspírate en la llama
en la que, rebosante de cambios, un objeto se
aleja de tu alcance;

---

[20] Rilke, Die Sonette an Orpheus, Zweiter Teil, XII. [Traducción de Carlos Barral, en *Sonetos a Orfeo*, Ed. Lumen, Barcelona, 1995, segunda edición.]
[21] K. Kippenberg en su epílogo al *Duineser Elegien-Die Sonette an Orpheus*.
[22] «Die Worte des Herrn an Johannes auf Patmos," *Gedichte 1906-1926*, p. 572 (tr. Cohen)

nos parece escuchar una insinuación de la «bendita añoranza» de Goethe, pero aquí nuevamente Rilke se ocupa de otra cosa. La mortal llama trae consigo una radiante transformación, pero sólo en su alejarse de nosotros el objeto puede ser transformado; solamente en ese «volverse invisible» ocurre el milagro.

Hemos situado al principio de transformación que contiene la vida y la muerte como opuesto a la rigidez y el caos. En este poema estas antítesis se ven realzadas, por así decirlo, hasta alcanzar el ámbito de lo invisible; la llama consume su sustancia, tal como Dios le dice a Juan en Patmos:

> **Y Yo saboreo uno de sus objetos**
> **para ver si debo aceptarlo.**
> **Si prende fuego, es real.**[23]

Únicamente por el autosacrificio, en la muerte a manos de la mordaz llama, el objeto demuestra su autenticidad. La «búsqueda de la transformación» de la primera línea (más precisamente, la «voluntad por transformarse") sólo tiene aplicación para aquel que en su abnegación se muestra preparado. Puesto que la transformación, esto que ocurre en oposición a toda voluntad, sólo puede «desearse» cuando se está listo para la muerte. El hombre de profunda mirada interior sabe que la auténtica vida no se vive de manera arbitraria, sino que a ésta la gobierna un entresijo de imágenes inviables: «Vivimos de verdad en imágenes.»[24] Pero incluso esto parece casi como demasiado cierto, poseedor de demasiada «duración», ya que, «en el desvanecimiento de la figura», la divinidad ama por sobre todo «el punto en el que desaparece».

Aquí la llama y el sacrificio no significan nada hostil al mundo ni a la tierra, pero tampoco —aunque hayamos usado la palabra- significan un sacrificio en el sentido usual del término. El significado está próximo al contenido en la raíz de la palabra hebrea *sacrificio*: קרב; concretamente, «aproximarse», aproximarse a Dios. Es en este acercamiento a Dios que el alma brota del fuego, pero la llama mortal es precisamente el punto de inflexión en el que

---

[23] Ibid., p. 572.
[24] *Die Sonette an Orpheus*, Erster Teil, XII (tr. Speirs)

la vida surge de la muerte. Puesto que la existencia, en este punto en que la imagen se transforma, al igual que lo hace la extraña y profunda metáfora del poema, es también un manantial, una fuente. El espíritu que concibe los proyectos de lo terrenal, ama el punto donde la figura desaparece, y la Sabiduría conoce a aquél «que la transmite como una fuente».

Al igual que en un acto de generación, el acto esencial y creativo en el que la fuente brota, contiene un sacrificio y una aproximación, así como una coincidencia entre la vida y la muerte. Este punto medio entre las oposiciones, en el que la tensión es recogida dentro de un tercer elemento más elevado, es tal «punto de inflexión» o «conversión». El indetenible flujo de la fuente es la eterna transformación, que abarca nacimiento y muerte, pero también la vida misma, en la cual no hay nada que dure. Precisamente el carácter involuntario del flujo revela la gracia de la transformación, la cual, como si proviniera del exterior, ingresa en el hombre y lo atraviesa. De este modo, el hombre creativo se sabe a sí mismo «una boca», a través de la cual pasará lo que emergerá durante la noche más profundamente terrenal. En este flujo de creatividad ocurre lo esencial, que no está encarnado en su origen, razón por la cual es un «secreto», ni está encarnado en la creación, que es duradera y por lo tanto condenada a morir. Sólo el punto que hace de fuente, por el cual la corriente emerge de la oscuridad e ingresa a la luz, y que es ambas a la vez, oscuridad y luz, es el punto de inflexión de la transición y la transformación. No puede ser buscado ni contenido; en todo momento es creación a partir de la nada, independiente de su historia, y, en tanto puro presente, es independiente de su pasado y de su futuro.

Es este flujo lo que la «Sabiduría conoce». Esta sabiduría abarca el conocimiento que tiene Dios de lo conocido; pero, en dicho conocimiento, uno presiente una fuerza que anima a aquel que lo transmite como si fuera una fuente. El punto de inflexión y el manantial que brota, son una dualidad que se encuentra en la dualidad del Dios amante y conocedor. Sin embargo, en este drama supremo del amor entre la divinidad y el hombre, en este drama de la creatividad, aquel que desaparece y es transformado, aquel que transmite como una fuente, no es una contraparte de la divinidad; es un médium a través del cual ésta pasa y se manifiesta, su boca y expresión. Ya que lo que aparece y brota a su través es la divinidad misma. Y, no obstante, este conocimiento de lo terrenal aún posee el sentido bíblico del engendramiento; una conexión tan fundamental que, incluso un zoólogo, lo suficientemente alejado de la Biblia como para no considerar su opinión un prejuicio, escribe: «El encuentro que conduce a la procreación presupone un 'conocimiento' sencillo de aquello que se corresponde mutuamente, un encuentro de seres de la misma especie.»[25]

Es el mismo drama que tiene lugar entre el divino conocedor y el terrenal conocido; quien, en ese flujo durante el cual se sacrifica a sí mismo, es y se convierte en creativo. Porque lo que aquí sucede es lo mismo que sucedió al inicio de los tiempos: la creación del mundo. Por lo tanto:

…ella lo guía, enseñándole lo que fue creado con placer
y que a menudo concluye donde comienza
y empieza donde termina.

Y, nuevamente, en este acto primordial de haberse convertido en creativo, en este acto de creación del mundo, tal «punto de inflexión» es alcanzado; en el cual el creador y la criatura, así como los actos de ser engendrados y nacer y volverse creativo, se mezclan unos con otros. El proceso creativo es generación y nacimiento, así como transformación y renacimiento. Tal como dicen los chinos: «La transformación es la creación de la creación.»[26] El éxtasis de aquel que transmite como una fuente, se refleja en la serenidad de la creación. La perpetua autorrenovación y dependencia de la gracia de quien mana eternamente, es un humano paralelo del eterno renacimiento de todo lo que es creado. El éxtasis del flujo inmortal de la creatividad opera tanto en el hombre como en la naturaleza; de hecho, sólo en su flujo creativo el hombre se convierte en parte de la naturaleza, se une una vez más a la «realidad única» de la existencia, en la cual ninguna cosa puede durar, porque todo es transformación.

«El alma,» dice Heráclito, «posee su propia Ley (*Logos*), que se incrementa a sí misma (*esto es, que crece según sus propias*

---

[25] Adolf Portmann, *Das Tier als sociales Wesen*, p. 115.
[26] Hellmut Wilhelm, *Change, Eight lectures on the I Ching.*

necesidades).»[27] Estas palabras expresan lo que Filón y los Padres de la Iglesia dicen acerca del nacimiento del Logos en el alma, y lo que los místicos conocían acerca del poder generativo de la palabra y del Espíritu Santo del habla; pero el significado arquetípico de esta expresión creativa, va aún más lejos. El mito bíblico de la creación del mundo por la palabra de Dios, y la «palabra mágica» que conocemos a través de la psicología de los primitivos, encarnan ambos la extraña unidad en la cual hablar, conocer y engendrar-crear son una misma cosa. Esta noción de la palabra creativa, surge de una de las experiencias más profundas de la humanidad, a saber, la conciencia de que una fuerza psíquica y creativa, que trasciende al hombre creativo, «habla» en el poeta. Las imágenes que brotan del hombre asido por las profundidades, la canción que es su expresión en palabras, constituyen la fuente creativa de prácticamente todas las culturas humanas,[28] así como una parte esencial de todas las religiones, artes y costumbres surgidas originalmente de este oscuro fenómeno de la unidad creativa en el alma humana. El hombre primitivo consideraba esta creatividad de la psique como magia; y no estaba muy equivocado, puesto que la creatividad transforma la realidad y siempre lo hará.

La imagen arquetípica básica de esta realidad del mundo transformada creativamente, es la rueda de la eternidad contenida en sí misma; en la cual todo punto es un «punto de inflexión» o «punto de desvanecimiento», que «a menudo concluye donde comienza y empieza donde termina.» En efecto, una de las paradojas de la vida es que, en su realidad creativa, sea «existencia» en tanto puro presente; y que, a la vez, todo su pasado fluya hacia esa misma existencia mientras que todo el futuro brote de ella como un manantial: de ahí que en simultáneo sea tanto un punto de reposo como de conversión. Este punto de existencia, el punto cero creativo del misticismo,[29] es un hiato en la creación; en el cual la conciencia y el inconsciente se transforman, por un momento, en una unidad creativa y en un tercer término, una parte de la realidad única que casi «pervive» en el éxtasis y en la belleza del momento creativo.

---

[27] Kathleen Freeman, *Ancilla to the Pre-Socratic Philoshophers*, p. 32.
[28] George Thompson, *The prehistoric Aegean*, p. 435.
[29] Véase mi «Mystical man.»

Pero el poema continúa:

Todo espacio feliz...es hijo o nieto de la despedida.

Por así decirlo, el lugar donde se es creado en el mundo, así sea en la parte más feliz de éste, se levanta sobre una despedida, sobre una partida desde la eternidad del círculo perfecto hacia la limitación dentro de una realidad histórica de pasado, presente y futuro –de generaciones. Aquí la muerte crea la separación, y el espacio sólo puede verse superado en el momento creativo. Y pasar asombrado a través de la creación es incurrir en la certeza de la separación, por la cual toda existencia se delimita con respecto al infinito. De este modo, todo nacimiento descansa sobre la muerte, de la misma manera en que todo espacio descansa sobre la separación; y ser hijo y nieto es, en todo sentido, un comienzo en el que algo más termina. Pero aquello que termina es al mismo tiempo un comienzo, en el que el pasado se cierra y a la misma vez es trascendido. Por consiguiente, al experimentarse como hijo y nieto de la separación, el hijo y el nieto experimentan en simultáneo su propio nacimiento a partir de la muerte y el renacimiento en ellos mismos de lo que está muerto. Se experimentan como algo creado, que «a menudo concluye con el comienzo y empieza con el final».

Pero en la medida en que pasan a través de la creación, el circuito se trasciende a sí mismo en un nuevo giro. La rueda giratoria del nacimiento y la muerte, en la cual todo es a la vez comienzo y final, es sólo la orilla: la acción esencial transcurre en su centro. Y en este centro aparece la Dafne «transformada». Huyendo del dios perseguidor, escapando de él mediante la transformación, el alma se vuelve una hoja de laurel. Metamorfoseada, ella ya no es más la fugitiva y perseguida; su transformación es puro crecimiento, pero al mismo tiempo es el laurel que corona al poeta, así como al dios perseguidor.

La llama del inicio del poema, en la cual las cosas escapan del ser duradero al cambiar en ardiente transformación, encuentra su contraparte al final; la eterna fugitiva se convierte en una planta eternamente enraizada en el ser. En el amor de Apolo por Dafne, el dios perseguidor impone la transformación; aquí nuevamente se da la sublimación creativa del alma, un amor superior. Puesto que la Dafne que escapó a través del crecimiento a un estado superior de su existencia vegetal, ahora se siente «ella misma laurel». Ahora es sujeto de la ley del amor de Orfeo, de quien Rilke dijo: «La canción es existencia.»[30]

Y porque es existencia, esta existencia superior de la canción, que captura al alma-laurel, no es estática, sino que se mueve eternamente. Este espíritu creativo de la canción también «sopla donde quiere». Y aunque aquello que es consumido por la llama y eso que mana de la fuente estuvieron ambos contenidos en la naturaleza elemental de lo creativo, el alma transformada en esta creación se ha convertido en algo distinto y superior. Es la compañera de la canción divina, de la que está dicho: «Un respiro sin propósito, Un respiro de Dios, Un viento.» Dafne, habiendo enraizado, desea no sólo ser capturada; ella sólo desea una transformación superior, de ella misma, de Dios, de nosotros.

Y Dafne, transformada, sintiéndose ella misma laurel, quiere que te conviertas en viento.[31]

---

[30] *Die Sonett an Orpheus*, Erster Teil, III.
[31] *Die Sonette an Orpheus*, Erster Teill, III.

FIGURAS E IMÁGENES

Figura 1
Santa Ana, la Virgen y el niño.

Figura 2

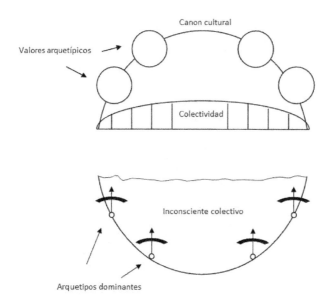

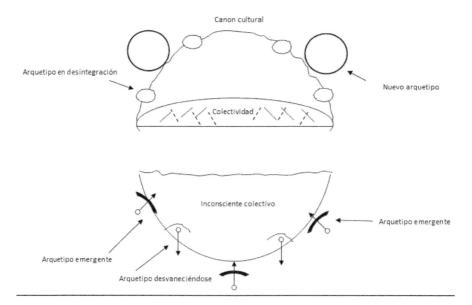

Figura 3

<u>Imagen 1</u>
Leonardo: *La Virgen de las rocas.*

<u>Imagen 2</u>
Leonardo: *Santa Ana con la Virgen y el Niño.*

Imagen 3
Leonardo: estudio de Santa Ana.

Imagen 4
Leonardo: *Baco*

<u>Imagen 5</u>
Leonardo: *Juan bautista*

Imagen 6
El Bosco: *Cristo cargando la cruz*

Imagen 7
Marc Chagall: *El ojo verde*

BIBLIOGRAFÍA

BARLACH, ERNST. *Ein selbsterzähltes Leben*, Berlín, 1928.

BUBER, MARTIN. *Die chassidischen Bücher*. Hellerau, 1928.

BUDGE, E. A. WALLIS. *The gods of the egyptians*, Londres, 1904, 2 vols.

BURKHARDT, JACOB. *The civilization of the Renaissance in Italy*. Tr. S. G. C. Middlemore, Londres y Nueva York, 1944.

DOUGLAS, R. LANGTON. *Leonardo da Vinci: his life and his pictures*. Chicago, 1944.

DU BOIS-REYMOND, F. «Über die archetypische meaning Bedingtheit des erstgeborenen Sohnes und seine Mutter.» Schweizerische Zeitschrift für Psychologie (Berna) IX (1950)

EURÍPIDES, *Las bacantes*.

FELDHAUS, FRANZ MARIA. *Leonardo der Techniker und Erfinder*, Jena, 1922.

FRÄNGER, WILHELM. *The millenium of Hieronymus Bosch: outlines of a new intepretation*. Tr. Eithne Wilkins y Ernst Kaiser, Londres y Nueva York, 1952.

FREEMAN, KATHLEEN. *Ancilla to the pre-socratic philosophers*. Cambridge, Mass., y Londres, 1948.

FREUD, SIGMUND. *Leonardo da Vinci and a memory of his chilhood*. En: The Standard Edition Of The Complete Psychologycal Works Of Sigmund Freud. Tr. Alan Tyson; ed. James Strachey, Londres, 1957.

HERZFELD, MARIE (ed.) *Leonardo da Vinci, der denker, Forscher und Poet*. Lepizig, 1904; 4a ed. Jena, 1926.

HÖLDERLIN, JOHANN CHRISTIAN FRIEDRICH. *Hölderlin*. Tr. Michael Hamburger, Nueva York, 1952.

HOLL, MORITZ. *Ein Biologe aus der Wende des XV Jahrhunder: Leonardo da Vinci*, Graz, 1905.

HORAPOLO. *The hieroglyphics of Horapollo*. Tr. y ed. George Boas. (Bollingen Series XXIII.) Nueva York, 1950.

HUXLEY, ALDOUS. *The doors of perception.* Londres y Nueva York, 1954.

I CHING, OR THE BOOK OF CHANGES. Tr. Cary F. Baynes de la versión original en alemán de Richard Wilhelm. 3a ed. (1 vol.) Princeton (Bollingen Series XIX) y Londres, 1967.

JAMES, WILLIAM. *The varieties of religious experiences.* Nueva York, 1902.

JEREMIAS, ALFRED. *Handbuch der altorientalischen Geisteskultur.* Lepizig, 1913; 2a ed., Berlín y Leipzig, 1929.

JONES, ERNEST. *The life and work of Sigmund Freud.* Vol. II. Nueva York, 1955.

JUNG, C. G. *Aion: researches into the phenomenology of the Self.* (Collected Works, vol. 9, parte ii.) Nueva York y Londres, 1959.

-«Picasso.» En: *The spirit in man, art and literature.* Tr. R. F. C. Hull. (Collected Works, vol. 15.) Nueva York y Londres, 1966.

-«Psychic conflicts in the child.» En: *The development of personality.* Tr. R. F. C. Hull. (Collected Works, vol. 15.) Nueva York y Londres, 1954.

-«A psychological approach to the Dogma of the Trinity.» En: *The development of personality.* Tr. R. F. C. Hull. (Collected Works, vol. II.) Nueva York y Londres, 1958.

JUNG, C. G. *Psychological Types.* Tr. R. F. C. Hull. (Collected Works, vol. 6.) Princeton y Londres, 1971.

-«Psychology and Alchemy.» Tr. R. F. C. Hull. (Collected Works, vol. 12.) Nueva York y Londres, 1968.

-«The relations between the ego and unconsciousness.» En: *Two essays on Analytical Psychology.* Tr. R. F. C. Hull. (Collected Works, vol. 7.) Nueva York y Londres, 1953; 2a ed, rev., 1966.

-«A review of the Complex Theory.» En: *The structure and dynamics of the psyche.* Tr. R. F. C. Hull. (Collected Works, vol. 8.) Nueva York y Londres, 1960.

-«Symbols of transformation.» Tr. R. F. C. Hull. (Collected Works, vol. 5.) Nueva York y Londres, 1956.

-«Ulysses.» En: *The spirit in man, art and literature.* Tr. R. F. C. Hull. (Collected Works, vol. 15) Nueva York y Londres, 1966.

- y KERÉNYI, C. *Essays on a science of mythology.* Tr. R. F. C. Hull. (Bollingen Series XXII), 1949. (Ed. Londres, 1959, *Introduction to a science of mythology.*)

KERÉNYI, C. *Asklepios: archetypal image of the physician´s existence.* Tr. Ralph Manheim. (Archetypal images in greek religion, 3.) Nueva York (Bollingen Series LXV) y Londres, 1959.

-«Kore.» En: C. G. JUNG & KERÉNYI, *Essays on a science of mythology,* op. cit.

KOCH, RUDOLPH. *The book of signs.* Tr. Vyvyan Holland. Londres, 1930.

LANZONE, RODOLFO VITTORIO. *Dizionario di mitologia egizia.* Turín, 1881-86.

LEO HEBRAEUS. *The philosophy of love. (Dialoghi d'amore.)* Tr. F. Friedeberg-Seeley y Jean H. Barnes. Londres, 1937.

LEONARDO DA VINCI. *Literary Works.* Véase RITCHER, J. P.

-*Notebooks.* Véase MAC CURDY, EDWARD; RICHTER, IRMA A.

-*Tout la ouvre peint de Léonard de Vinci.* Introducción de Paul Valéry. París, 1950.

-*Traktat von Malerei (Trattato della Pintura).* Ed. Marie Herzfeld. Jena 1925.

LIFE. Nueva York, julio 17, 1939.

MAC C URDY, EDWARD (ed.). *The notebooks of Leonardo da Vinci.* Londres y Nueva York, 1938. 2 vols.

MANN, THOMAS. *Dr. Faustus.* Tr. H. T. Lowe-Porter. Nueva York, 1948; Londres, 1949.

MEREJKOWSKI, DMITRI. *The romance of Leonardo da Vinci: the forerunner.* Tr. Herbert Trench. Nueva York y Londres, 1902.

NEUMANN, ERICH. *Amor and Psyche, the psychic development of the feminine: a commentary on tale by Apuleius.* Tr. Ralph Manheim. Nueva York (Bollingen Series LIV) y Londres, 1956.

-«Die Bedeutung des Erdarchetyps für die Neuzeit.» *Eranos-Jahrbuch 1953* (Zurich, 1954).

-*The great mother.* Tr. Ralph Manheim. Nueva York (Bollingen Series XLVII) y Londres, 1955.

NEUMANN, ERICH. *Kulturentwicklung und Religion.* (Umkraisung der Mitte, I.) Zurich, 1953.

-«Mystical man.» En: *The mystic vision.* Eranos yearbook, 5. Princeton (Bollingen Series XXX) y Londres, 1969.

-*Los orígenes e historia de la conciencia.* Ed. Traducciones Junguianas, Lima, 2015. Véase catálogo: www.traduccionesjunguianas.blogspot.com y https://www.facebook.com/traduccionesjung

-«Die Psyche und die Wandlung der Wirklichkeitsebenen.» Eranos-Jahrbuch 1952 (Zurich, 1953).

-*Depth psychology and a new ethic.* Tr. Eugene Rolfe. Nueva York, 1969.

-«Zur psychologischn Bedeutung des Ritus.» Eranos-Jahrbuch 1950 (Zurich, 1951). También en *Kulturenwicklung und Religion,* op. cit.

NIETZSCHE, FRIEDRICH WILHELM. «Peoples and countries.» Tr. J. M. Kennedy. En: *Complete Works,* ed. Oscar Levy, Vol. 13. Edimburgo y Londres, 1910.

OTTO, RUDOLPH. «Spontanes Erwachen des sensus numinis.» En: *Das Gefühl des Überweltlichen.* Munich, 1932.

PATER, WALTER. *The Renaissance: Studies in art and poetry.* Londres, 1924.

PFISTER, OSKAR. «Krytplalie, Kriptographie und unbewusstes Vexierbild bei Normalen," *Jarbuch für psychoanalytische und psychopathologische Forschungen* (Leipzig), V (1913).

PORTMANN, ADOLF. *Das Tier als soziales Wesen.* Zurich, 1953.

QUISPEL, GILLES. *Gnosis als Weltreligion.* Zurich, 1953.

RITCHER, IRMA A. (ed.) *Selection from the notebooks of Leonardo da Vinci. With Commentaries.* (The World's Classics.) Londres y Nueva York, 1952.

RITCHER, JEAN PAUL (comp. y ed.). *The literary works of Leonardo da Vinci.* 2a ed., Nueva York y Londres, 1939, 2 vols.

RILKE, RAINER MARIA. *Corresponde in verse with Erika Mitterer.* Tr. N. K. Cruikshank. Londres, 1953.

-*Duinester Elegien. Die Sonette an Orpheus.* Zurich, 1951.

-*Duino Elegies.* Tr. J. B. Leishman y Steven Spender. Nueva York y Londres, 1939.

-«Die Sonette an Orpheus.» En: *Gesammelte Werke*, III. Lepizig, 1930. Tr. Ruth Speirs.

-«Die Worte des Herrn an Johannes auf Patmos.» En: *Gedichte 1906-1926*. Wiesbaden, 1953. Tr. J. M. Cohen.

SCHILLER, JOHANN CHRISTOPH FRIEDRIECH VON. «Über naive und sentimentale Dichtung.» En: *Schillers Werke*. Ed. Arthur Kutscher. Vol. 9. Berlín, 1907.

SETHE, KURT HEINRICH (ed.). *Die alt-aegyptischen Pyramidentexte, nach den Papierabdrücken und Photographien des Berliner Museums*. Lepizig, 1908-22. 4 vols.

SIMANUER, E. R. *Reiner Maria Rilke, Legende und Mythos*. Frankfurt a. M., 1953.

SPENGLER, OSWALD. *The decline of the West*. Tr. Charles Francis Atkinson. Nueva York, 1932. 2 vols. en 1.

[SPINOZA, BARUCH.] *Spinoza´s short treatise on God, man, and his well-being*. Tr. A. Wolf. Londres, 1910.

THOMSON, GEORGE. *The prehistoric aegean. (Studies in ancient greek society, Vol. 1.)* Londres, 1949.

TRITHEMIUS, JOHANNES. *De laudibus Sanctissimae Matris Annae tractatus*. Meinz, 1494.

VAILLANT, GEORGE C. *The aztecs of Mexico*. (Penguin Books.) Harmondsworth, 1950.

VASARI, GIORGIO. *The live of the painters*. Tr. A. B. Hinds. (Temple Classics.) Londres, 1900. 8 vols.

WILHELM, HELMUT. *Change: eigth lectures on the I Ching*. Nueva York (Bollingen Series LXII) y Londres, 1960.

WILHELM, RICHARD. *Der Mensch und das Sein*. Jena, 1931.

WÖLFFLIN, HEINRICH. *Classic Art*. Tr. Peter y Linda Murray. Londres, 1952.

Títulos publicados en Traducciones Junguianas
(Colección Psicología Profunda)

Los orígenes e historia de la conciencia.

Autor: Erich Neumann.
Idioma original: alemán. Tr. del inglés.

Neumann (Berlín 1905 - Tel Aviv 1960), uno de los discípulos directos más brillantes de Jung, traza un paralelo entre el proceso de nacimiento, desarrollo y consolidación de la conciencia como órgano de orientación respecto del mundo externo y del mundo interno, o Proceso de Individuación, y las mitologías -en especial el mito de Osiris e Isis- con que en todo tiempo y lugar nuestra especie describió ese mismo recorrido que ella también afrontó.

Neumann propone como novedad la centroversión: «La tendencia innata de una totalidad a crear unidad dentro de las partes que la componen y a sintetizar en sistemas unificados las diferencias que existen entre ellas.»

También les asigna a la creatividad y al individuo creativo sitios preponderantes, respectivamente, en el Proceso de Individuación y en la reformulación de los cánones culturales. Asimismo, esta obra constituye una vía de penetración y esclarecimiento de las ideas de Jung, que encuentran de este modo resonancias sorprendentes en las antiguas producciones culturales de la Humanidad.

Las narraciones de la mitología, obligadas a desplegarse de manera lineal, coherente y no contradictoria para resultar inteligibles a la lectura literal, una vez desprovistas de ese orden indispensable pero artificial se revelan, gracias a Neumann, como metáforas de una psicodinámica *sui generis*; hasta entonces oculta en las épicas, dramas y tragedias de dioses y semidioses, de ninfas y monstruos, de héroes y villanos.

Psicoterapia junguiana y posjunguiana. Perspectivas de la psicoterapia dialógica.

Autor: Ricardo Carretero Gramage (IAAP).
Idioma original: italiano y español.

Ricardo Carretero (Menorca, 1957), médico psiquiatra, psicoanalista junguiano formado en Italia y analista didacta de la IAAP, aborda en esta obra el estudio crítico de un tema fundamental en psicoterapia: la importancia de la personalidad del terapeuta.

A partir de la premisa, deudora punto por punto de Jung, de que el paciente tendrá mayores probabilidades de ver restaurada su salud mientras más fluido y profundo sea el diálogo con la entera psique del terapeuta, Carretero reintroduce esta temática sin embargo poco estudiada, que sitúa al psicoterapeuta como objeto de una mirada por lo general centrada solo en el paciente.

En cada encuentro con un «otro», poseedor de iguales derechos y de similar constitución psíquica, tanto la experiencia del terapeuta como sus conocimientos formales (proporcionados estos últimos por la escuela de psicología a la que perteneciera), y también su entera personalidad y disposición dialógica, afrontarán una suerte de recurrente careo que, en virtud de la inextinguible presencia por ambas partes de lo inconsciente, asimismo le exigirá mantener una vigilia atenta sobre su propio diálogo intrapsíquico siempre mutable.

Diálogo interpsíquico, diálogo intrapsíquico, y diálogo también entre psicoterapia y psicología. Triple diálogo circular que *Psicoterapia junguiana y posjunguiana. Perspectivas de la psicoterapia dialógica*, fecunda por igual y lanza al centro del escenario del junguismo actual con la esperanza de fomentar el surgimiento de nuevos espacios de encuentro que lo enriquezcan.

Paisajes de la psique. El Sandplay en el análisis junguiano.

Autor: Paolo Aite (IAAP, AIPA).
Idioma original: italiano.

Paolo Aite (Cortina d'Ampezzo, Italia, 1931), neuropsiquiatra, psicoterapeuta junguiano, pintor y fundador del Laboratorio Analítico de las Imágenes (LAI), es hoy el principal referente en Italia en el empleo del Sandplay en terapia analítica de adultos.

Paisajes de la psique recoge cuarenta años de experiencia clínica, compendia las investigaciones e innovaciones que trascienden las fronteras de lo aprendido con Dora Kalff, y abatie el prejuicio de que este método psicoterapéutico es solo para niños.

En los enfoques tradicionales, el «Juego con la arena» es apenas una técnica proyectiva y diagnóstica: la escena refleja únicamente el mundo intrapsíquico del jugador y el analista ha de permanecer en silencio durante su construcción, que a la postre remitirá a significados más o menos conocidos. Con Aite el enfoque da un vuelco. El analista aparecerá (simbolizado) en la escena, en los múltiples reflejos de las relaciones transferenciales y contratransferenciales en curso durante el encuentro. Que junto al mundo intrapsíquico del paciente aparezca también el del propio analista, convierte a éste en copartícipe virtual de un juego ajeno, cuyos significados habrá de buscar ahora en las reverberaciones afectivas e imaginales de su *estar-ahí*.

En *Paisajes de la psique*, la escena de juego es la metáfora de un proceso de transformación de las emociones y los afectos subyacentes y compartidos, aún no susceptibles de expresión verbal ni, por lo tanto, de conciencia. Lo que la escena-metáfora cuenta, pues, es un relato preverbal del que ambos copartícipes son protagonistas y a la vez «lectores», y al que ambos han de transformar de manera conjunta en discurso verbal. En diálogo. En contenido de conciencia.

Símbolo, creatividad y metáfora. Y diálogo soñado con María Zambrano.

Autor: Ricardo Carretero (IAAP).
Idioma original: italiano y español.

Ricardo Carretero (Menorca, 1957), psiquiatra, analista junguiano formado en Italia y miembro de la IAAP, indaga en las «tres operaciones básicas» que intervienen a nivel intrapsíquico e interpsíquico durante el encuentro analista-paciente.

¿Cuál es la lengua que habla la psique a cada instante? ¿Cuál es la lengua propia de la psicoterapia? ¿Cuál le conviene?, pregunta el autor. La psique es compleja, y usa distintas lenguas y lenguajes no interpretables de una sola manera. De ahí la potencialidad del lenguaje metafórico, que extrae ulterioridad de sentido a materiales que, de otra forma, aparecerían como meros síntomas. Del simbólico, que tensa el sentido hacia delante y a su vez compone y recompone los materiales psíquicos en una acción sin fin. Y del creativo, que se erige desde el vacío y el silencio, para asomarse por primera vez a la vida psíquica.

Tras defender la vigencia de estos tres lenguajes y advertir del error y del peligro de una interpretación literal de los materiales psíquicos, Carretero insta a la psicología a salir de su refugio y asomarse a lo que ofrecen otros saberes, otras formas de fijar y ofrecer materiales que, procedentes de la psique, hablan de ella y para ella.

Es así que, en *Diálogo soñado con María Zambrano*, se sumerge en las fecundas aguas del libro *Los sueños y el tiempo* y propone, al abrigo de la visión de una de las más originales y sorprendentes pensadoras en habla hispana del Siglo XX, un desarrollo de la Psicología Analítica en consonancia con otros ámbitos de la Cultura; los cuales, a pesar de dar cuenta de los expedientes simbólicos, creativos y metafóricos que concurren en la psicoterapia junguiana, aún esperan conocer el dinamismo de la vocación dialógica del posjunguismo contemporáneo.

La pérdida. Duelos y transformaciones.

Autora: Barbara Massimilla (compiladora) (IAAP, AIPA.)
Idioma original: italiano.

Barbara Massimilla, psiquiatra, Doctora de Investigación en Ciencias de las Relaciones Humanas, miembro didacta de la *Associazione Italiana di Psicologia Analitica* (AIPA), de la IAAP y directora del *Laboratorio Analitico delle Immagini* (LAI).

La pérdida, perderse, perder. La dimensión física y la psíquica se entrelazan en la indisputable realidad de una pérdida que no da respiro al ser. Desde la cuna a la tumba, nos confrontamos dolorosamente con todo aquello que no retornará.

La muerte –recuerda Jung- no es más que un pasaje, una parte de un gran, largo y desconocido proceso vital. Y un aspecto más de la pérdida. En todas las fases de la vida nos confrontamos con la experiencia de la pérdida; y la transición compleja que ella comporta, depende tanto de las modificaciones que puede aceptar cumplir la psique individual cuanto de su potencial de transformación.

Este libro procura ofrecerle al lector de habla hispana nuevas perspectivas sobre un tema que trasciende los conocimientos psicoanalíticos. Un mosaico de experiencias en torno a un discurso, a la vez que universal, heterogéneo. Si el motor central de la reflexión es la valorización de la experiencia de la pérdida, el común denominador será, pues, la experiencia de la cual se origina cada voz particular: testimonios conmovedores que nacen de la vida de sus respectivos autores. Historias dramáticas, de autores de distintas procedencias, que la elaboración, el compartirlas y el lenguaje poético han podido aliviar y al fin transformar.

Duelos y transformaciones que están en acto en cada contribución, y con los cuales el lector, pensando en la pérdida, en las propias pérdidas, puede entrar en resonancia afectiva.

Pauli y Jung. Un debate sobre materia y psique.

Autores: Silvano Tagliagambe y Angelo Malinconico.
Idioma original: italiano.

Silvano Tagliagambe (filósofo) y **Angelo Malinconico** (psiquiatra, criminólogo, analista junguiano didacta de la AIPA -*Associazione Italiana di Psicologia Analitica*-, miembro del LAI -*Laboratorio Analitico delle Immagini*- y de la IAAP) estudian en este libro la extraordinaria aventura intelectual y humana que surgió de los millares de sueños que Wolfgang Pauli, uno de los físicos más creativos del Siglo XX, dejó en dote a Carl Gustav Jung, el psicólogo que, junto a Freud, instauró la exploración del inconsciente.

El encuentro condujo al descubrimiento de la noción de sincronicidad y a la re-interpretación de aquellas coincidencias, las cuales, exentas de conexiones causales y sin embargo densas de significado, recorren continuamente nuestra experiencia cotidiana.

También llevó a la maduración de la conciencia según la cual la historia de la humanidad está profundamente plasmada en arquetipos, estructuras fundadoras a las que el pensamiento debe su propia capacidad creativa, puesto que constituyen una reserva psíquica casi inagotable de donde extraer alimento. Pero, sobre todo, fue el origen de aquella fructuosa alianza entre física y psicología, entre materia y psique.

Pauli y Jung. Un debate sobre materia y psique, relata la amistad entre dos personalidades excepcionales y los efectos extraordinarios que tuvo en la cultura del siglo pasado, al abrir perspectivas de las cuales sólo hoy comenzamos a comprender su potencialidad.

Printed in Great Britain
by Amazon